알타이 스케치 1

몽골 알타이 편

알타이 스케치

몽골 알타이 편

동북아역사재단 엮음

| 머리말

일반적으로 알타이[1]는 몽골의 고비 알타이, 호브드 그리고 바양 울기 등 세 아이막을 관통하여 러시아 산지 알타이Gorno Altai 지역에 이르는 총연장 1,600km의 거대한 산맥을 이르는 말이다. 이 산맥에는 해발고도 4,506m 벨루하Belukha를 비롯하여 4,374m의 후이텡khuiten, 4,362m의 뭉흐 하이르항Munkh Khairkhan 등과 같이 해발고도 4천m급 연봉들이 장엄한 자태를 드러내고 있고, 이들 산 정상과 골짜기 사이사이에 쌓인 만년설과 빙하 등은 녹아서 계곡과 구릉을 지나며 큰 강이 되고 호수가 되어 동식물과 사람이 살 수 있는 젖줄과 토양을 만들어 주었다.

그에 따라서 일찍부터 산맥의 봉우리와 그 산간 계곡에는 등고선을 따라 고도별로 다양한 종류의 동식물이 서식하였으며, 사람들은 이른 석기 시대부터 야생동물들을 사냥하는 등 알타이의 산악시스템에 적응하면서 풍토에 적합한 생활 방식을 창출하였다. 시간이 경과되고 또 기후 환경이 바뀜에 따라 서식하였던 동물 가운데 일부는 사멸하였고 또 일부는 다른 곳으로 이주하였으며 그 밖의 나머지들은 여전히 사냥

---

[1] '알타이'는 몽골어의 'Alt'와 'tai'가 합성된 말이다. 몽골어에서 'Alt'와 'Altan' 등은 '황금'을 뜻하며, 'tai'는 접미사로서 '~와 함께', '~과 더불어' 등의 뜻이 담겨 있다. 중국에서는 알타이를 '金山'으로 표기하였는데, 이는 소리 보다는 의미를 따서 쓴 표기다. 최근에는 중국에서도 음을 따서 '阿爾泰'로 표기하기도 한다.

알타이 산맥

감으로 남았거나 가축으로 바뀌기도 하였다. 또한 이 지역의 문화 주인공들도 여러 차례에 걸쳐 교체되었으며, 그 때마다 사회적으로 뜨거운 이슈가 제기되었고 또 새로운 모드가 창출되었다. 이러한 일련의 과정 가운데 도구 제작의 기술력은 향상되기도 하였으며, 그에 따라서 물질문명은 급속한 변화와 진보의 길을 걸었다.

　그와 같은 점을 이 산맥과 그 인근 지역의 고고 유적과 그곳에서 출토된 유물, 그리고 바위그림 형식으로 표현된 각종 형상들을 통해서 확인할 수 있다. 고고유적 조사가 시작된 이래, 알타이 산맥을 중심으로 한 인근 지역에는 히르기수르Khirgisuur, 카라콜Karakol, 파지리크Pazirik 등 시대적 특성이 반영된 무덤Kurgan과 제사유적 등이 헤아릴 수 없이 많이 발견되었으며, 그 주위에는 사슴돌Bugni chuluu이나 석인상Khun chuluu 등 선돌 형식의 조형물들이 세워져 있다. 또한 호브드 아이막 만항 솜에서는 호이트 쳉헤르Khoit Chenkher 동굴 벽화가 발견되었고, 바위그림 유적지들도 그 예를 일일이 열거하기 조차 어렵다.

　이와 같은 매장 유적들과 그 속에서 발견된 인골 등을 통해서 각 문화기별 주인공들의 외모와 형질인류학적 특징 그리고 주검의 취급 방법 등을 밝힐 수 있다. 또한 무덤 축조 형식이나 그 속에 부장된 유물 그리고 벽이나 천장 등에 그려진 벽화 등을 통하여 당시 사람들의 건축술과 각종 생활 용구 제작 기술, 그리고 조형 예술의 세계 등을 파악할 수 있고, 이들을 종합하여 제작 주체들이 지니고 있었을 사후 세계에 대한 사유 체계도 복원할 수 있다. 마찬가지로 동굴 벽화나 바위그림 속에 그려진 형상들을 통하여 그 제작 주체들이 누렸던 물질문명의 발달정도 그리고 변화과정 등은 물론이고 이들이 인식하고 있었던 세계의 원상原象과 그들이 꿈꾸었던 이데아의 세계도 살펴낼 수 있다.

　그와 같은 점은 비단 매장유적이나 조형예술 속에서만 살필 수 있는 것이 아니다. 알타이 지역의 구석구석에 거주하는 많은 종족 집단들의 신화와 전설 그리고 민담 속에도 동일한 유형의 문화소들이 같은 구조와 모양을 띠고 전해져 오고 있다. 다시 말하자면, 알타이의 선사 및 고대인들이 지니고 있었던 세계의 구조와 시조의 탄생, 토템, 금기 그리고 믿음 등이 신화나 전설 등의 형식으로 구전되고 있다는 것이

석인상(몽골, 바양 울기 아이막)

다. 이와 같은 신화소를 통해서 알타이의 선주민들이 믿고 있었던 세계의 창조, 특정 민족의 탄생과 융성 그리고 쇠퇴 과정, 사람과 동식물 원래의 모습 등에 대한 흥미로운 정보를 얻을 수 있다. 물론 우리들은 이러한 신화소의 비교연구를 통하여 주변 지역에 거주하는 민족이나 종족들과의 상관성, 즉 동질성과 이질성 등을 살필 수 있고, 그 연장선 상에서 한국 민족 문화의 계통성도 살펴낼 수 있는 것이다.

동북아역사재단은 바로 이 알타이 지역의 선사 및 고대 문화의 세계를 현재의 시점에서 가능한 있는 그대로 스케치해 보고자 하였다. 남북 1,600km에 이르며, 이를 기준으로 하여 동으로는 몽골, 서로는 카자흐스탄 동남부, 남으로는 중국 신장新疆, 그리고 북으로는 러시아의 산지 알타이Gorno Altai가 서로 맞닿아 있는 알타이 산맥은 자연적으로 동과 서 그리고 남북 사이를 가로막는 차단막 구실을 하였지만, 동시에 그것은 접경 지역으로서 이민족과 그 문화가 교류와 충돌을 되풀이하던 곳이기도 하였다. 그런 이유 때문에 같은 산맥이지만 그 동과 서 그리고 남과 북 사이에는 이질성만큼이나 분명한 동질성도 보인다.

따라서 이들을 현재의 국경 구분에 따라 네 개의 권역으로 나누고, 각 권역별 문화상을 살펴서 정리해 보고자 하였던 것이다. 그 첫 번째의 대상으로 몽골 알타이 지역을 정하였으며, 현재 이 지역 거주민들과 그들의 언어와 종교, 민속, 고고유적 그리고 조형예술의 세계를 하나씩 살펴보기로 하였다. 이 과제의 수행을 위하여 한국과 몽골의 관련 전문가들로 공동 조사 연구팀을 구성하였다. 이에 따라서 민족 문제는 몽골과학아카데미 역사연구소의 A. 알탄수흐A. Altansukh 연구원이, 언어와 신화 등은 몽골과학아카데미 어문연구소의 V. 톱신투그스V. Tuvshintugs 박사가, 민속 문화는 한양대학교 연구교수인 장준희 박사가, 고고문화는 몽골과학아카데미 고고학연구소 소장인 D. 체벤도르지D. Tseveendorj 박사가, 그리고 조형예술의 세계는 동북아역사재단의 장석호 박사가 각각 맡았다.

  이 연구를 위하여 한국 측 연구자들이 2012년 7월 30일부터 8월 11일까지 몽골을 방문하여 현지 공동연구자들과 함께 7월 31일부터 8일간 몽골 서부 바양 울기 아이막의 몇몇 솜(행정단위 '읍'에 해당)에서 공동 조사를 수행하였다. 조사단은 각 세부 과제별 특성 및 조사의 효율성을 고려하여 민족과 언어 그리고 민속 전공자들이 한 팀을 구성하였으며, 고고유적과 조형예술 조사자들이 또 하나의 팀을 구성하여 각각 현장 조사를 하였다. 각 과제 수행자들은 이 기간 중에 필요한 인터뷰, 구술, 도상 자료 등을 채록·수집하였으며, 관련 사진을 촬영하였다. 또한 2012년 10월 16일에는 공동 연구자 워크숍을 개최하였으며, 이 때 관련 주제별 전문가 토론을 거쳐 최종 결과물을 작성하게 되었다. 이 책은 이러한 과정을 거쳐 완성된 결과물이다.

  이 책은 모두 다섯 개의 장으로 구성되었다. 이 가운데서 첫 번째는 몽골과학아카데미 역사연구소의 연구원 A. 알탄수흐가 수행한 '몽골 알타이 산맥의 민족'에 관한 연구다. 필자는 그동안의 선행 연구를 바탕으로 하고 또 바양 울기 아이막 내 알타이, 쳉겔, 바양노르 등의 솜과 행정도시 울기 시 등지에서 조사·획득한 카자흐Kazakh, 투바Tuva, 그리고 오량하이Oryankhai족 관련 자료를 중심으로 하여 이들 민족의 현황, 현재 몽골 내에 거주하는 사람들의 통계 수치, 분포 상황과 공용 언어, 민족의 유래 등에 관한 흥미로운 내용을 소개해 주었다. 따라서 독자들은 알타이 산맥 동쪽 지역에 거주하는 카자흐와 투바 그리고 오량하이 등 세 개 종족들의 유래와 씨족 구성 그리고 현재 이 지역에서 살고 있는 이들의 생활상 등을 엿볼 수 있다.

두 번째는 V. 톱신투그스 박사가 수행한 '몽골 알타이 산맥 거주 부족의 언어와 종교'다. 필자는 알타이어족의 언어에 관한 연구 동향과 이 어족의 언어들이 갖는 독특한 특징, 즉 유사 단어가 많은 점, 단어 구조의 음운이 같은 점, 교착어인 점, 문장 구조 및 구성이 닮은 점 등을 상기하였다. 그런 다음, 투르크어와 몽골어의 어휘군과 형태소가 각각 50%와 25% 정도의 유사성이 있음을 지적하고 이들 두 언어 사이의 차용관계를 어근 분석의 사례를 들어 소개하면서 몽골어와 투바어, 몽골어와 카자흐어 사이의 정확한 갈래 파악을 위하여 개별 언어 간의 전면적인 비교와 분석이 필요한 점을 지적하였다.

그밖에도 필자는 알타이 지역 거주 오량하이족을 예로 삼아 불교, 활쏘기와 낙인, 서사시 연창連唱, 민간 신앙 등을 하나씩 차례대로 소개하였다. 문헌 가운데 기술된 오량하이와 그들의 불교 관련 사원 및 승려 수 그리고 참Cham 의례 등과 더불어 오량하이식 활쏘기의 특징, 수렵 및 가죽 공납, 가축용 낙인으로 활과 화살을 사용하게 된 유래, 가족 내 세대별 낙인의 변화 양상, 서사시 연창자와 계승 방식, 산악 숭배, 오보Ovoo(돌무더기)와 고수레, 더르버드와 투바족의 민간신앙과 사냥금기 그리고 풍습 등도 차례로 소개하였다. 그에 덧붙여 현재 알타이 지역에 카자흐족이 거주하게 된 동기와 동화 과정 그리고 생활 풍습 등을 몽골 유목민들과 비교하면서 제시하였다.

세 번째 주제는 장준희 박사의 '몽골 알타이 바양 울기의 민속지' 다. 필자는 알타이 지역에 거주하는 주민들의 민속 가운데 전승되는 정신문화와 물질문명은 과거와 현재를 가늠할 수 있는 중요한 비교 연구의 자료라고 하고, 이의 수집과 연구를 통하여 한국 민족문화와의 친연성을 밝히고자 하였다. 필자는 공동 조사 기간 중에 바양 울기 아이막 내에서 수집한 자료를 토대로 하여 이 지역 유목민들의 일상, 식생활, 주거문화, 민간신앙, 축제, 장례, 장손말자제 등에 관하여 고찰하였다.

필자는 현장 조사 기간 중 그가 인터뷰하였거나 목격한 내용을 토대로 하여 이 지역 유목민들의 일상생활을 기록하였으며, 특히 그가 과거에 카자흐스탄 등지에서 경험했던 유사한 내용들이 있는 경우 그 유사성과 차이점 등도 병기하였다. 유목민 게르Ger(이동식 천막집)에서 이른 아침부터 저녁까지 일어나는 일들을 시간대별로 파악하여 사진과 함께 제시하였다. 그에 따라서 식사, 생리현상 해결, 젖짜기, 주식 主食과 부식, 유제품과 마유주 만들기, 가축도살, 증류주 제작, 주거 속의 남녀 공간 구분, 오보, 음주 문화, 코담배 교환, 어린이 머리카락 자르기, 아침의례, 활쏘기와 말달리기 등의 축제, 조장鳥葬, 염과 장례, 무덤 조성 그리고 장손말자제 등에 관한 유목민들의 일상생활을 파노

라마처럼 소개하고 있다.

　네 번째 주제는 몽골과학아카데미 고고학연구소 D.체벤도르지 박사의 '몽골 알타이의 고고학 유적·유물'이다. 필자는 현재 몽골 내에서 이루어지는 고고학 발굴 조사와 연구를 모두 총괄하는 고고학연구소의 소장이자 몽골 알타이 지역의 고고학 유적 유물 조사 및 연구의 산증인 가운데 한 사람이다. 필자는 수십 년간에 걸친 현장 조사 경험을 토대로 하여, 알타이 지역 청동기 시대의 문화적 특징을 히르기수르와 사슴돌의 예를 들어 설명하였으며, 철기시대 문화는 바양 울기 아이막 올롱 구링 골 지역에서 발견한 파지리크 고분의 발굴 성과를 통하여 매우 구체적으로 소개하였다.

　필자는 이 글에서 알타이 지역의 구석기 유적과 그 조사 내용을 간략하게 소개였다. 그런 다음, 청동기 시대의 히르기수르의 생김새와 조성 동기, 부장품, 분포상황 등을 논하였으며, 이어서 지금까지 발견된 사슴돌의 수와 몽골이 차지하는 비중, 유형과 분포, 제작 시기 등에 관하여 상술하였다. 그는 그동안 많은 연구자들이 주장한 바 있는 사슴돌의 철기 시대 제작설과는 달리 청동기 시대 제작설을 제기하였으며, 그동안 발굴 과정에서 획득한 자료를 통하여 자신의 주장을 논증하였다. 또한 바양 울기 아이막 올랑 호스 솜의 올롱 구링 골에서 몽··러 공동조사단이 수행한 파지리크 발굴 내용들도 풍부한 사진 자료들과 함께 소개하였다. 따라서 독자들은 몽골 알타이 지역의 청동기와 철기 시대 문화의 표지적인 유물과 그 성격에 대한 매우 구체적인 윤곽을 그릴 수 있게 되었다.

다섯 번째 주제는 동북아역사재단 장석호 박사의 '몽골 알타이 지역의 선사 및 고대 미술'이다. 필자는 문자가 없던 시대에도 인류는 그들의 관심사와 문화상을 조형언어로 번역하여 기술하였으며, 그에 따라서 바위그림 등 선사 미술 속 조형언어로 인류가 무문자 시대에 이룩한 문명사를 일정 부분 복원할 수 있다고 하였다. 필자는 알타이 지역에서 그동안 발견된 동굴 벽화와 바위그림 속에 그려진 형상들을 시대별로 분류하고, 각 시대별 중심 제재와 양식적 특징 등을 파악하였다. 그런 다음 가축의 등장, 사냥도구와 무기, 생활 용구, 제재와 시대 양식, 그리고 지각 방식의 변화 과정 등을 차례로 소개하였다.

필자는 이 글에서 석기 시대에는 야생동물이 그림의 중심 제재였지만, 중석기 시대부터 사냥과 가축이 등장하였고, 청동기 시대가 되자 야생동물에서 인간과 인공의 세계로 중심제재가 바뀌었으며, 가축의 효용성은 증대되었다고 하였다. 중석기 시대부터 등장한 활은 청동기 시대가 되자 사냥용구에서 인명살상용 무기로 기능이 분화되었으며, 이 시기에 새롭게 등장한 마차도 흉노 시대를 거쳐 고대로 이어지면서 보다 실용성이 증대되고 또 디자인도 획기적으로 변화하였음을 지적하였다. 그와 더불어 선사 시대의 물체 중심 지각 방식도 고대로 접어들면서 인간 중심의 원근법으로 바뀐 점을 밝혔다. 이렇듯 조형언어를 통하여 인류가 구축해 온 문명화 과정을 복원할 수 있는 까닭에 바위그림은 도상언어로 쓴 또 하나의 연대기로 보았다.

이 책에서는 현재 몽골 알타이 지역에 거주하는 민족, 그들의 언어와 종교, 민속, 그동안 발견된 고고학 유적과 유물 그리고 선사 및 고대 미술 등을 하나씩 차례대로 살펴서 소개하고 있다. 공동연구원들은 비록 저마다 다른 관점에서 각자의 전공 분야를 조사·연구하였지만, 가능한 한 가장 객관적으로 몽골 알타이 지역의 주민 및 그들의 일상생활 그리고 고래로부터 계승된 유·무형 문화유산 등을 살펴서 묘사해 내고자 하였다. 또한 이 지역에 남아 있는 선사 및 고대의 문화유산들도 출처가 분명한 자료들을 토대로 기술하고자 하였다. 그리하여 독자들이 이 지역의 과거와 현재를 오롯이 조망할 수 있게 되기를 희망하였다.

짧은 기간동안 바양 울기 아이막 일원에서 수행한 조사 연구만으로 몽골 알타이 지역에서 꽃핀 문화와 그 주인공들, 그 후손들의 오늘을 모두 소개하기에는 많은 부분에서 한계가 있었다. 이번 기회에 다루지 못한 부분들은 추후의 과제로 남겨두고자 한다. 이 연구에서 미진했던 부분들은 러시아의 산지 알타이나 중국 신강 알타이 그리고 카자흐 알타이 등지의 조사와 연구를 진행하면서 지속적으로 보완해 나가고자 한다. 또한 종합보고서를 작성할 때에는 겉으로 드러나는 현상의 스케치뿐만 아니라 알타이 문명의 실체에 대한 새로운 해석을 내릴 수 있기를 희망한다.

  멀고도 먼 조사지, 험준한 산길과 깊은 계곡, 급변하는 불규칙한 날씨, 그리고 짧은 조사 기간 등 여러 가지 열악한 환경 속에서도 끝까지 과제 수행을 해 준 공동연구원들의 노고에 깊은 감사를 표한다. 아울러 이 책이 출간되기까지 함께 수고해 준 출판 관계자들께도 감사의 마음을 전한다.

2013년 12월

집필자를 대표하여

장 석 호

차례

머리말 4

1 몽골 알타이 산맥 지역의 민족 A. 알탄수흐 / 번역 - 윤은숙   20
카자흐족   24
투바족   30
알타이 오량하이   35

2 몽골 알타이 산맥 부족의 언어와 종교 V. 툽신투그스 / 번역 - N. 멘드
42
알타이어   43
알타이인과 풍습   47
   오량하이와 불교   47
   오량하이의 활쏘기와 낙인   49
   서사시와 연창   53
   민간 신앙과 종교   57
   알타이의 카자흐족과 생활 풍습 및 문화   61

3 몽골 알타이 바양 울기의 민속지 장준희   68
바양 울기 아이막 유목민들의 민속   70

일상	70
식생활	76
주거문화	83
민간신앙	91
축제	98
장례문화	101
장손말자제	105

4 몽골 알타이의 고고학 유적 · 유물 D. 체벤도르지 / 번역 - 이평래   116

히르기수르Khirgisüür	118
사슴돌	121
Ⅰ 유형 : 몽골 – 바이칼 호 남부의 사슴을 양식화하여 표현한 사슴돌	122
Ⅱ 유형 : 사얀 – 알타이의 동물을 사실적으로 표현한 사슴돌	125
Ⅲ 유형 : 유라시아 대륙의 동물형상이 없는 사슴돌	130
몽골 알타이의 올롱 구링 골의 영구 동토층에서 발견한 유목민의 고분	138
올랑 다와 제1호 무덤 발굴 조사	139
올롱 구링 골의 제6호 무덤	147
올롱 구링 골 제7호 무덤	155
올롱 구링 제10호 무덤	156

5 몽골 알타이의 선사 및 고대 미술 장석호 178

알타이의 선사 및 고대 미술의 세계 181
　동굴 벽화 181
　암각화 183

알타이 지역의 문명화 과정 199
　가축의 등장 199
　사냥도구와 무기의 등장 그리고 변화 202
　생활 용구의 등장과 변화 205
　조형예술의 제재 및 시대 양식 210
　지각 방식의 변화 213

참고문헌 220

찾아보기 226

몽골 알타이 산맥 지역의 민족

A. 알탄수흐 (몽골과학아카데미 역사연구소)

번역 - 윤은숙

몽골과학아카데미 산하 고고학연구소의 체벤도르지 소장, 몽골어문학 연구소 연구원 톱신투그스 박사, 역사연구소 연구원 알탄수흐, 한양대학교 장준희 박사, 동북아역사재단 연구위원 장석호 박사 등으로 구성된 '알타이문명연구' 조사단은 2012년 7월 31일부터 8월 7일까지 8일 동안 몽골 산맥 일원에서 조사를 진행했다. 이번 조사의 대상은 몽골의 투바Tuva족, 오량하이Uriankhai족과 카자흐Kazak족들이 주로 거주하는 바양 울기 아이막의 알타이, 보양트, 사그사이 쳉겔과 차강노르 솜 등이다. 이번 조사에서 필자는 알타이 산맥을 배경으로 하는 민족과 씨족의 구성, 그리고 그들의 민속 문화와 관련된 자료 및 용구 등을 수집하는 일을 담당하였다.

필자는 바양 울기 아이막 알타이 솜에 거주하는 차강 톡 씨족의 리쉐B. Lishee(79세), 어르첵 씨족의 베그즈B. Begz(74세)와 톱신Ts. Tuvshin(70세), 바양 울기 아이막 쳉겔 솜의 주민 차강 소욘의 악바나 씨족인 네네케이B. Nenekei(70세), 차강 소욘의 델레그 씨족 쳉겔사이항Tsengelsaikhan(37세), 같은 솜에 있는 사라글라르 씨족의 자르갈사이항Jargalsaikhan(42세), 차강노르 솜의 주민 더르버드 타르가드 씨족 노스트Ts. Noost(73세), 울기 시의 세루시 씨족인 다오렌P. Dauren(45세) 등과의 면담을 통해 각 민족들의 유래, 역사 및 민속 문화와 관련된 각종 자료와 정보를 수집하였다.

알타이 산맥은 몽골의 바양 울기, 호브드, 고비-알타이, 바양홍고르, 우문고비 등 다섯 개의 아이막에 걸쳐 위치하는 산맥이다. 알타이 산맥은 구조가 복잡하고 해발고도가 매우 높은 곳이라서 독특한 민속 문화와 풍습을 가지고 있다. 이곳은 예로부터 알타이 오량하이, 투바, 울드Uuld, 먕가드

그림 1 하늘에서 내려다 본 바양 울기시 (사진 제공 : 장석호)

Myangad, 더르버드Durvud, 자흐칭Zakhchin, 토르고드Torguud, 카자흐, 할하 등의 여러 씨족과 민족들이 어울려 살고 있는 곳이다. 이런 측면에서 볼 때 알타이 산맥에 거주하는 다양한 민족들의 역사, 기원과 문화 등을 연구하는 일은 매우 넓은 범위를 포괄하고 있다.

이들 씨족들의 거주 분포는 넓게는 알타이 산맥 전체이지만, 지역에 따라 세분해 보면 다음과 같다. 투바족은 바양 울기 아이막의 쳉겔 솜에 살고 있고, 오량하이족은 바양 울기 아이막의 보양트 솜, 알타이, 보가트Bugat 솜과 호브드Khovid 아이막의 무스트Must 솜, 알타이, 도트Duut 솜 등에 거주하고 있다. 먕가드족은 호브드 아이막의 먕가드 솜에 살고 있고, 더르버드족은 호브드 아이막의 두르궁Durgun 솜에, 자흐칭족은 호브드 아이막의 제게르Zereg 솜과 다르비Dariv, 알타이, 우엔츠Uench 솜 등에 살고 있다.

토르고드족은 호브드 아이막의 볼강 솜에, 카자흐족은 바양 울기 아이막의 거의 모든 솜과 호브드 아이막의 일부 솜 등에 주로 거주하고 있다. 알타이 산맥에 걸쳐 있는 고비 알타이 아이막, 바양홍고르 아이막, 우문고비 아이막의 동쪽에는 할하족이 주로 살고 있다.

이번 현지조사는 바양 울기 아이막의 오량하이족과 투바족, 카자흐족 등을 연구대상으로 하였다. 이들 지역에 대한 조사·연구는 본 조사팀 이전에 민족학 연구자들이 3회에 걸쳐 실시한 바가 있다. 1987년과 1989년에 락과 수렌I. Lkhagvasuren 박사가 바양 울기 아이막의 오량하이족에 대해 현지조사를 수행하였고, 수집한 자료들은 몽골과학아카데미 역사연구소 자료 보관소[X-7, D-3, XH-24(a,b)]에 보관되어 있다. 또한 2006년에는 몽골과학아카데미 역사연구소 연구원 바타르후B. Baatarkhuu 박사가 바양 울기 아이막 쳉겔 솜의 투바족을 대상으로 민족 연구를 수행하였다. 관련 연구 보고서와 연구 자료는 역사연구소 자료보관소(X-7, D-3, XH-66)에 보관되어 있다. 이를 보고서 속에는 알타이오량하이족과 투바족의 기원, 역사, 민속 문화에 관련된 자료와 수집한 유물 등이 기술되어 있다. 반면 바양 울기 아이막에 거주하는 카자흐족의 씨족, 역사, 민속 문화 등에 대해서는 아직까지 특별히 관심을 가지고 현지 조사를 한 적은 없었다. 따라서 이번 한·몽 공동 조사단은 네 번째로 이들 지역에 대한 조사를 실시한 셈이며, 특히 카자흐족에 대해서는 첫 번째 조사를 수행하게 되었다.

| 카자흐족

카자흐족은 바양 울기 아이막과 수도 울란바타르시 인근의 날라이흐Nalaikh 지역에 모여 살고 있다. 2010년 몽골 인구 통계에 따르면 101,526명[1]의 카자흐인이 등록되어 있고 몽골 총인구의 3.9%를 차지하고 있다.

언어학자들에 의하면 중앙아시아 고대 유목인들의 본래 언어는 알타이 산맥 지역에서 유래되었고, 알타이어족에서 몽골어, 투르크어, 만주-퉁구스어 등 세 가지 언어가 파생되었다고 한다. 현재 바양 울기 아이막에 거주하는 카자흐족이 사용하는 언어는 투르크어계에 속한다.

투르크족은 13세기 초까지 킵차크 초원에서 살다가, 칭기즈 칸의 장자 주치Juchi 가문에 소속되어 13세기 초에 몽골제국의 일부가 되었다. 이때부터 중앙아시아와 잘라이르, 메르게드, 홍기라드, 나이만, 헤레이트 등 몽골족의 일부가 킵차크 초원으로 이동하였고, 투르크족과 혼성되어 새로운 민족이 탄생하였다.

13세기 중반에 투르크어 계통의 민족이 거주하던 킵차크 초원에 금장 칸국Golden Horde이 건설된 이후 15세기 중반에 멸망되기까지 200여 년의 기간 동안 카자흐란 새로운 민족이 '유라시아의 중심 한랭 사막, 온대 사막, 산과 초원 지대[2]'에 걸쳐 탄생하게 되었다. 그들의 언어와 문화는 투르크화가 많이 진행되었고 또 이슬람교를 신봉하고 있지만, 지금까지도 몽골제국에서 이주해 온 씨족과 부족의 이름이 여전히 남아 있다.

바양 울기 아이막 카자흐족의 역사와 문화를 기술한 『차스트 알타인 출

1　Хүн ам(2011), орон сууцны 2010 оны улсын тооллого нэгдсэн дүн, УБ., т. 54
2　Б. Монголхүү(2009), Цаст Алтайн чуулган. УБ., т. 23

강Tsast altain chuulgan³』에서는 카자흐 민족과 씨족의 구성을 다음과 같이 설명하고 있다. 호브드의 12개 부족 중 아베크 케렌Abak Kerein 소속에 세루시Sherushi, 장테케이Jantekei, 시바라이기르Shibaraigir, 물흐Molkhi, 하라하스Kharakhas, 자디크Jadik, 이텔리Iteli 등 7개의 부족이 있다. 이들 부족의 일부가 다시 갈라져 씨족이 되어 세루시 - 사니라오, 바학, 어지흐, 호르망 등으로 갈라졌고, 장테케이 - 보타가라, 바자르홀, 타일라흐, 항길디, 세이클 등으로 나눠졌다. 부족들이 여러 씨족으로 갈라지면서 각각의 씨족을 이끌어가는 지도자가 나타났다.⁴ 반면 이번 조사·연구대상지인 바양 울기 아이막 울기 시의 주민인 세루시 씨족의 다이렌(42세) 씨는 12개의 카자흐족을 '세루시, 이텔리, 장테케이, 시바라이게르, 물흐, 항길드, 하르하스, 나이만, 바타가라Batagaraa, 세켈Sekel, 허흐만Khorman, 톨로크Tuuluk' 등으로 구분하였다. 다이렌 씨가 이야기한 12개의 카자흐족은 부족의 분파를 혼동해서 말한 것 같다.

　이 책 속에는 카자흐의 잘라이르, 한리, 알반, 사바라시티, 사니시힐리, 하타간, 사리(사르), 우이스, 세르겔리(스르그트), 이스티(이스트), 어사흐티(톨가트), 아르강, 히프샤흐, 나이만, 케레이, 와흐, 홍기라드, 타라흐티(삼 수르트), 바일로(바얀 후), 알신 - 잡파스, 알라사, 바이흐티, 마스하르, 베리시, 타즈(호즈고르), 에셍테미르(엥흐 투므르) 시르케시, 타나, 히질호르티(올랑호르호이), 이스히, 알리몰리, 하라사할(하르 사할), 하라케세크, 케테(엠시), 투르티하라(두르벤 하라), 세크티, 시메케, 케르데리, 자갈바일리, 라마단, 타빈, 타마, 헤레이트, 틸레오 등 40개 이상의 부족, 씨족 이름들이 기록되어 있다. 예를 들면 다음과 같다.

3　Б. Монголхүү(2009), онд хэвлүүлсэн
4　Б. Монголхүү(2009), Цаст Алтайн чуулган, УБ., т. 52

하타긴Khatagin 씨족

도르노드 아이막의 마타드 솜, 바얀-올 솜, 세르겔링 솜, 수흐바타르 아이막의 수흐바타르 솜, 바양테렘 솜, 아르항가이 아이막의 타리아트 솜, 훕스골 아이막의 신이데르[5] 솜 등지에 살고 있는 할하 몽골족 중에 많은 비율을 차지하지만, 부리아트 몽골족 중에는 적다.

잘라이르Jalair 씨족

고비 알타이 아이막의 타이시르 솜, 할리온 솜, 델게르 솜, 통힐 솜, 사르가 솜, 다르비 솜 등과 도르노드 아이막의 할하골 솜, 숨베르 솜 등에 거주하는 몽골족 중에 많이 살고 있다.[6]

헤레이트Khereid 씨족

몽골의 여러 지역으로 이동해 광범위하게 퍼져 있는 몽골족, 중앙아시아와 남부시베리아 등에 살고 있는 투르크족 가운데도 있다. 또한 호브드 아이막 볼간 강의 토르고드Torguud, 훕스굴 아이막 갈트 솜, 자르갈란트 솜, 아르항가이 아이막 타리아트 솜, 항가이 솜, 자르갈란트 솜, 도르노드 아이막 훌룬보이르 솜, 투브 아이막 세르겔링 솜의 할하족 및 바르가족 등에 헤레이트족이 있다. 이질 강 유역의 더르버드족, 토르고드족, 호쇼트족, 도닌 할리막족 Khalimag, 중국 시라무렌강 유역의 오르도스족 중에도 많은 비율을 차지한다. 투르크족에는 케리멘 타타르족, 노가이족, 바시키르족, 중앙아시아 지역의

---

[5] С. Бадамхатан·Г. Цэрэнханд(2012), Монгол улсын угсаатны зүй. I(нэмж засварласан хоёр дахь хэвлэл), УБ., т. 51
[6] С. Бадамхатан·Г. Цэрэнханд(2012), Монгол улсын угсаатны зүй. I(нэмж засварласан хоёр дахь хэвлэл), УБ., т. 51

우즈벡, 키르기즈, 카자흐와 남부시베리아의 알타이족 중에서도 많이 볼 수 있다.[7]

홍기라드Khongirad 씨족

홍기라드족은 몽골 동쪽에 거주했던 고대 몽골 부족 이름으로 그곳은 칭기즈칸의 정후 부르테 우진의 고향임이 『몽골비사』와 『집사』 등에 기술되어 있다. 현재 호브드 아이막 볼간 솜의 토르고드 중에서 흔히 볼 수 있다.

나이만Naiman 씨족

셀렝게 아이막에 거주하는 부리아트족의 쳉겔 씨족 중에는 나이만이라는 씨족이 있다.[8] 이 씨족은 13세기에 몽골제국에 의해 정복되어 킵차크 초원으로 이동해 거주했던 원原 몽골 부족이다.

한 가지 흥미로운 점은 서 몽골족 씨족 구성에 약간의 '카자흐 또는 하사그'라는 씨족이 있는데, 학자 밤빈 린첸이 「언어학, 민족 분포도 연구」라는 논문에서 이들에 관해 자세히 기술했다. 오브스 아이막의 준고비 솜에는 자신들을 '카자흐'라고 부르는 사람들이 거주하고 있는데, 그들은 자신들의 씨족 기원에 대해 "옛날에 오이라트와 하사그 사이에 전쟁이 발생해 한 명의 하사그 남성이 포로로 잡혀 바야드족의 거주지에 들어와 살았다. 하사그 남성이 바야드족 여성과 혼인해 5명의 아들을 낳았다. 그 5명의 아들로부터 하사그족이 유래했다"[9]고 전한다.

---

7 С. Бадамхатан·Г. Цэрэнханд(2012), Монгол улсын угсаатны зүй. II(нэмж засварласан хоёр дахь хэвлэл), УБ., т. 36~37
8 С. Бадамхатан·Г. Цэрэнханд(2012), Монгол улсын угсаатны зүй. III(нэмж засварласан хоёр дахь хэвлэл), УБ., т. 17

또한 더르버드족 중에 투르크족 갈래의 하사그 부족이 거주한다.[10] 지금의 호브드 아이막 두르군 솜의 하르 오스 호수 북쪽에 거주하는 더르버드, 먕가드, 바야드족 중에 약간의 비율을 차지하고 있다. 이렇게 카자흐족 중에 원몽골의 씨족 또는 부족 이름이 계승되어 왔다. 몽골의 이들 지역에 하사그 또는 카자흐라는 씨족이 상당수 있는 것은 카자흐족이 기원적 측면에서 볼 때 몽골과 매우 가깝다는 것을 의미한다.

몽골족과 카자흐족이 가까운 민족임을 확인할 수 있는 다른 증거는 이슬람교로 개종하기 이전의 카자흐족의 풍습, 민속, 문화 등이 몽골과 매우 유사하다는 점이다. 고대 몽골인들이 불로 정화하거나 하늘·불·천둥·해·달·별 등을 숭배하는 것은 비록 이슬람교로 개종했어도 그들의 민속 문화 속에 그대로 남아 있다. 카자흐족의 '비르 후다이 빌레디Bir khudai biledi'라는 말은 '오직 하늘만이 안다'라는 기도祈禱의 말로, 주로 중세 몽골인들의 하늘 숭배의 전형적인 형태다.

지금도 몽골인들은 하늘을 숭배하여 '하늘이 용서한다', '하늘이 안다', '하늘이 도와준다', '하늘이 벌을 준다' 등의 관습적인 관용어를 사용하고 있다. 또한 카자흐족은 아이가 태어나 처음으로 요람에 들어갈 때 성냥으로 불을 켜서 요람 위에서 해가 뜬 쪽으로 몇 번 돌리면서 '알라스Alas 알라스'라고 말한 다음 아기를 그 속에 넣는 풍습이 있다. 고대 몽골인들도 계절에 따라 유목지로 이동할 때 이삿짐을 두 개의 불 사이로 통과하게 하여 정화의식을 행하는 등 유사한 풍습이 있다.

---

9   С. Бадамхатан·Г. Цэрэнханд(2012), Монгол улсын угсаатны зүй. II(нэмж засварласан хоёр дахь хэвлэл), УБ., т. 264
10 С. Бадамхатан·Г. Цэрэнханд(2012), Монгол улсын угсаатны зүй. II(нэмж засварласан хоёр дахь хэвлэл), УБ., т. 43

몽골을 방문했던 플라노 카르피니와 루브룩은 중세 몽골인들의 풍습을 "왕궁에 들어오는 모든 것들과 ······ 존재하는 모든 것, 쓰러진 어떤 생명, 땅에 떨어져 있는 물건,[11] 사신, 여행자, 대표자들, 그들이 가지고 온 선물들을 비롯해[12] 죽은 사람의 친척과 집에 살고 있는 모든 사람들 등이[13] 두 개의 불 사이로 통과하게 하는 정화의식을 거행했다"고 기록하고 있다. 이런 풍습은 지금까지도 전해져서 몽골인들의 장례식, 결혼식 등에서도 나타나고 있다. 따라서 이슬람교로 개종하기 전에는 카자흐족의 종교와 민속 문화가 몽골인들과 일치했을 것이다. 라시드 앗딘이 1310년에 쓴 『집사』에서는 투르크족과 몽골족이 "고대의 언어와 관습에서 약간의 차이가 있지만, 모습과 풍습이 유사하다"[14]는 기록이 있다.

카자흐족은 수많은 풍습을 간직하고 있는데, 우리가 만났던 카자흐인들에 따르면 족내혼이 금지되어 있다고 한다. 이것은 족외혼을 전통으로 하고 있는 몽골 풍습과 일치하는 것으로, 몽골 카자흐족에 여전히 남아있음을 확인할 수 있다. 그리고 카자흐 사람들이 앞서 살폈던 9개의 씨족 이름을 반드시 외우고 있는 것은 유목민의 풍습이며, 몽골의 카자흐족 사이에서도 매우 잘 지켜지고 있었다. 예를 들면 우리의 인터뷰 대상인 다이렌 씨는 11개의 씨족 이름을 알고 있었다. 카자흐는 본래 몽골인들과 유사한 풍습을 가지고 있었

---

11 Гильом Де Рубрук(1988он), Дорно этгээдэд зорчсон минь, Орос хэлнээс орчуулсан, Y.Нямдорж.УБ., т. 208
12 Плано Карпини(1988он), Монголчуудын түүх, Орос хэлнээс орчуулсан, Y.Нямдорж, УБ., т. 19
13 Плано Карпини(1988он), Монголчуудын түүх, Орос хэлнээс орчуулсан, Y.Нямдорж, УБ., т. 20
14 Рашид-Ад-Дин(2002), Судрын чуулган, I боть, Орос хэлнээс эх хэлнээ хөрвүүлсэн Ц.Сүрэнхорлоо, УБ., т. 67

지만, 이후 이슬람교의 전파로 차이점이 증가하게 되었다.

결론적으로 말하면 카자흐족은 투르크족과 몽골족이 혼성되어 13세기부터 15세기 사이에 새롭게 생긴 민족이다. 따라서 카자흐족을 단순히 투르크나 몽골족이라고 단정하기는 어렵다.

투바족

투바족은 현재 바얀 울기 아이막의 쳉겔 솜, 보양트 솜, 셀렝게 아이막의 준부렌 솜, 알탄볼라그 솜, 울란바타르 시, 투브 아이막의 자마르 솜, 흡스굴 아이막의 차강 노르 솜 등 광범위하게 분포하는데, 대체로 바얀 울기 아이막의 쳉겔 솜, 셀렝게 아이막 준부렌 솜 등지에 많이 살고 있다.[15] 2010년 인구통계에 따르면 4,778명[16]이 등록되어 있는데, 이는 몽골 인구의 0.3%를 차지하고 있다. 우리의 조사·연구 대상지인 바얀 울기 아이막 쳉겔 솜의 인구는 8,360명 정도인데 이 중에서 투바족은 약 19%를 차지하고 있다.

1755년에 청나라가 알타이 산맥에 거주하던 투바족을 정복하고, 1762년에 이들을 멍처그Monchoog, 하르 소욘Khar soyon, 차간 소욘Tsagaan soyon 등의 3개 호쇼Khoshoo로 편성시켰다. 멍처그 호쇼에는 이르기드irgid, 후그khuug, 자그 – 투바Jaga-tuba, 슌고르shunguur 씨족이 포함되었다. 그리고 하르 소욘 호쇼에는 하르 두시khar doshi ; khar obshuu, 하르 살khar sal ; khar

---

15　Баян-Өлгий аймгийн Цэнгэл сумын иргэн дэлэг овгийн Цэнгэлсайханы мэдээлснээр авав.
16　Хүн ма(2011), орон сууцны 2010 оны улсын тооллого нэгдсэн дүн, УБ., т. 54

sakhal, 카질kizil ; ulaan 소욘 등이 있고, 차간 소욘 호쇼에는 아브간avgaan, 사리클라르sariklar, sharnood 등의 씨족이 각각 포함되었으며, 이 씨족들을 솜으로 변경해 편성했다고 기록되어 있다.

　최근의 연구 성과에 따르면 허흐 멍처그의 이르기드, 후그, 자그 - 투바, 하 다르강, 차간 소욘의 사리클라르, 델렉, 아브간, 보르고드, 쇼다크, 어용 투스키리시, 하르 소욘의 하르 살, 카라테시, 엉가트, 샤나가시 등은 투바족 본래의 씨족이라고 본다. 울드, 허이드, 하르칭, 칼가, 콩가르 등은 알타이의 투바족에 속하지만, 할하, 울드, 더르버드 등의 몽골족과 결합한 씨족으로 규정한다.

　처드, 아다이, 어르척 등은 타그나 투바족에 속하지만, 알타이의 투바족 중에 단독으로 존재하는 것이 아니라 아다이 이르기드, 처드 이르기드, 어르척 이르기드라는 이름으로 불리고 있어서 자세한 후속 연구가 필요하다. 한편 알타이의 투바족 중에는 기록되지 않았지만 몽골족이 타그나 투바족에 여러 가지 이유로 유입하여 몽골화된 몽고시, 헴치긴헨, 헤르덱, 쿠즈구드 등의 씨족들도 있다. 또한 메린, 크질다르, 치르비크, 기르킵드 등 투바 씨족들에 대한 기록이 있으나 이들에 대한 정보는 많지 않다.[17]

　바양 울기 아이막 쳉겔 솜의 주민 차강 소욘 델렉Tsagaan soyon deleg 씨족의 쳉겔사이한Tsengelsaikhan은 "투바족은 차강 소욘, 하르 소욘, 올랑 소욘, 후흐 멍처그 등 4개의 씨족이 있다. 후흐 멍처그는 9개의 이르기드, 9개의 후욕, 차강 소욘은 델렉, 아브간, 사라글라르, 보르고드, 어용 등으로 구분되며, 하르 소욘은 하르 살, 하라 두시 온가트khara dush ongat, 샤나가스shanagas로

17　Б.Баатархүү, Монголын тувачуудын овгийн бүрэлдэхүүн, гарал, тархац// Эрхэлсэн С.Чулуун · Б.Баатархүү(2011), Угсаатан судлал. XX, УБ., т.76

나누어진다"고 했다. 이것은 연구자들의 기록과도 일치한다. 다만 올랑 소욘 씨족들에 대해서는 언급하지 않았는데, 이번 연구대상에 속한 사람들은 올랑 소욘에 대해서는 아무런 말도 하지 않았고 연구보고서 속에도 확실한 기록이 없다. 연구에 따르면 이르기드 씨족은 아르항가이 아이막의 항가이, 타리아트 솜, 자프항 아이막의 이흐-올, 터성쳉겔 솜, 흡스굴 아이막의 신-이데르, 자르갈란트 솜 등에서 등록되었고, 다르하드 씨족은 '에르히드erkhid'라는 이름으로 기록되어 있다. 타그나 투바의 동북쪽에 주로 거주하는 남부 알타이족 속에는 이르키드, 하카스 및 서부 부리아트족 등이 기록되어 있다.[18] 기타 투바족 호칭은 몽골 씨족에는 나타나지 않았다.

투바족의 언어는 투르크어 계통에 속하지만 민속 문화는 오히려 몽골족과 유사하다. 이에 대해 A. 오치르A. Ochir 박사는 "투바족은 본래 투르크의 텔레Tele, 텔린고드Telingud 부족에 속했지만 오랜 세월 몽골족들과 함께 생활하면서 혼성되었다[19]"고 하며 몽골화한 것으로 보고 있다. 예를 들면 투르크어 계통 민족들은 주로 이슬람교를 믿으나, 투바족은 몽골 유목민들이 신봉하는 샤머니즘을 믿고 있다. 이번 조사 연구의 인터뷰에 응한 델렉 씨족의 쳉겔사이한 씨는 "투바족 중에 과거에는 능력이 있는 샤먼들이 많이 있었지만, 지금은 인정받을 만한 샤먼이 아직 태어나지 않고 있다. 샤먼이 큰 북을 치면, 그 집에 있는 모든 사람들은 신령이 왔음을 알 수 있다. 그렇기 때문에 아직까지도 샤먼을 그리워하고 있다"고 하였다.

쳉겔 솜 하르간트에서 우리 조사단이 하루를 쉬었던 바야르후 씨의 조상

18　С. Бадамхатан·Г. Цэрэнханд(2012), Монгол улсын угсаатны зүй. II(нэмж засварласан хоёр дахь хэвлэл), УБ
19　А. Очир(1993), Монголын ойрадуудын түүхийн товчоон, УБ., т. 56

그림 2 **투바족 사냥꾼**(사진 제공 : 장석호)

은 저명한 샤먼이었다고 한다. 그 집의 차찰(우유나 차를 하늘에게 먼저 드릴 때 쓰는 국자)은 보통의 몽골 가정에서 사용하는 구멍이 9개 있는 것이 아니라 13개의 구멍이 있었다. 우리 일행이 그 차이를 묻자 "샤먼 집의 차찰은 구멍이 13개"라고 하였다.

쳉겔 솜의 하르 소욘 씨족은 하르간트의 첫 오보Ovoo, 제렌고비의 첫 오보, 샤르 닥 호쇼 및 멍처그 씨족의 이흐 후르을레의 오보 등을 숭배하고 있다. 차강 소욘 씨족 또는 곰보 닥 호쇼는 알타이 타반 보그드 오보와 멘드에바 하이르항을 숭배한다.[20] 이렇게 고대로부터 오보를 숭배하는 풍습이 투바

---

20 И. Лхагвасүрэн(1989), онд Баян-Өлгий аймгийн Урианхай ястны дунд явуулсан хээрийн шинжилгээний тайлан, Түүхийн хүрээлэнгийн Баримт мэдээллийн сан, Х-7, Д-3, ХН-24(б), т. 190

족 사이에 여전히 남아 있다. 또한 불을 숭배한다. 우리 조사단이 화로의 입구가 출입문 쪽으로 향해 있는 이유를 물었더니 "불을 숭상하는 것으로 문으로 들어오는 모든 것들은 불로 정화해야 한다[21]"고 설명하였다. 투바족은 몽골제국의 불 숭배 풍습을 계승하고 있었다.

투바인들은 몽골인들처럼 출입문에 서서 두 손으로 문을 잡는 행위, 문지방을 발로 밟는 행위, 망아지 묶은 끈을 넘어가는 행위, 게르가 놓일 터를 넘는 행위 등을 금기시하고 있었다. 또한 이들의 게르 모양, 제작 방법, 집 안 가구 배치 등은 투르크어계 유목민들과 다르고, 몽골인들과 같다. 예를 들면 투르크어계 유목민들은 게르 문을 오른쪽으로 여는데, 투바족 및 몽골족은 게르 문을 왼쪽에서 열고, 오른쪽에서 여는 문이 하나도 없다. 또한 투르크어계 유목민들은 화로의 연통을 게르 북쪽으로 향하게 하는 데 반해 투바족과 몽골인들은 화로 연통을 남쪽으로 향하게 한다.

투바족의 게르 내부도 투르크어 계통 유목민들과는 다르며 몽골인들의 그것과 같다. 투르크어계 카자흐족의 게르 내부 구조를 보면 왼쪽에 부인 침대, 동북쪽에 남편 침대, 북쪽에 손님 침대, 오른쪽에는 커튼으로 여닫을 수 있는 결혼한 자녀 부부의 침대가 있다. 투바족과 몽골인의 경우는 왼쪽에 부인 침대와 부인이 사용하는 도구들, 북쪽과 중심에 신단이 있고, 오른쪽에 남편 침대와 남편이 사용하는 도구들이 놓여 있는 것이 보통이다. 이처럼 여러 가지 점에서 투바족은 몽골인들과 유사하다.

투바족은 민속 문화, 풍습, 종교 면에서 몽골인들과 유사하지만 언어 계통이 투르크어에 속하기 때문에 그들을 몽골화된 투르크어계로 규정해야 할 것이다. 반면 투바족과 더불어 몇 백 년을 살아온 오량하이인들은 '쳉겔 솜의

---

21 Баян-Өлгий аймгийн иргэн дэлэг овгийн Цэнгэлсайханы мэдээлснээр бичив.

투바족은 오랑하이[22]'라고 주장하고 있다. 그러나 우리 연구에 참가한 일부의 투바인들은 자신들을 몽골인들과 다른 것이 없는 사람[23]이라고 생각한다고 말하기도 했다.

알타이 오량하이

오량하이Urianhai는 기원후 1세기부터 중국 사료에 기록된 고대 부족이다. 러시아 학자 코너N. V. Kyuner, 빅토르바L. L. Viktorova, 중국계 러시아인 비추린I. Bichurin, 몽골의 페를레 등은 상형문자로 된 오랑하이 자료들을 심층적으로 연구하였다. 이들에 따르면 오량하이족은 몽골족의 선조인 선비족의 한 갈래로 그들이 몽골인의 조상이라는 결론을 내리고 있다.[24] 기원후 93년에 선비족들이 북흉노를 멸망시키고 현재의 타그나 소욘을 정복하였을 때 거기에 살고 있던 흉노인들은 선비인들을 '오량하이'라고 불렀다.

또한 투르크어계 부족들은 전쟁에서 승리한 부족의 이름을 빌려서 자신들을 '오량하이'라고 칭했다. 이때부터 선비족의 한 갈래인 몽골인들을 오량한Urianhan이라 했다. 또한 『몽골비사』와 라시드 앗딘의 『집사』에는 타그나 - 소욘 산맥에 살고 있는 투르크어계 부족들과 함께 투르크 - 소욘어를 구사하

---

22 И. Лхагвасүрэн(1989), онд Баян-Өлгий аймгийн Урианхай ястны дунд явуулсан хээрийн шинжилгээний тайлан, Түүхийн хүрээлэнгийн Баримт мэдээллийн сан, Х-7, Д-3, ХН-24(а), т. 126
23 Баян-Өлгий аймгийн Цэнгэл сумын иргэн, 70 настай, Цагаан соёны авгаан овгийн Б.Нэнэкэй.
24 С. Бадамхатан · Г. Цэрэнханд(2012), Монгол улсын угсаатны зүй. II(нэмж засварласан хоёр дахь хэвлэл), УБ., т. 365

는 몽골계 흉노, 선비를 오량하이라고 불렀다고 기록되어 있다.[25]

현재 알타이 오량하이족은 바양 울기 아이막의 보얀트, 알타이, 보가트, 호브드 아이막의 무스트, 알타이, 도오트 솜 등에 거주하고 있다. 2010년 인구통계에 따르면 26,654명의 오량하이인들이 등록되어 있고, 이들은 몽골 인구의 1.0%를 차지한다.[26]

오량하이의 명칭에는 대해서는 다음의 몇 가지 유래가 있다.

첫째, 오량하이는 칭기즈 칸의 전쟁 때 선두에서 싸웠기에 '오리아Uria, 先頭'라는 말을 써서 오량하이라는 이름을 갖게 되었다는 설.

둘째, 활을 능숙하게 잘 쏘아서 '오란Uran(능숙한)', 그리고 전쟁 때 해를 많이 끼쳐서 '가이Gai(재액)'라고 부르다가 세월이 지나 두 단어가 합쳐져서 오량하이가 되었다는 설.

셋째, 어느 시기 오량한Urianhan이 다스렸던 것에서 유래하여 오량하이가 되었다는 설이 있다.

지금까지 오량하이족에 대해서는 많은 연구들이 이루어졌다. 특히 『몽골민족학』 II권에서는 준가르Zuungar 오량하이 호쇼에는 울럭Oolog, 차간 톡Tsagaan tug, 에르히트Erhit, 호르치드Khuurchid ; khun, 바야드Bayad, 사드Sad, 자미드Zaamid, 몬다스Mundas, 오량하이, 아흐Akh, 브르게드Burged 또는 보르고드Burguud ; khar, 샤르 자브라Shar javraa, 더르버드, 저르터머스Jortomos, 하사그Khasag, 저스Zoos, 소욘Soyen ; ulaan, 둔홀Donkhol ; shar ; khar, 어르척Oortsog 등이 있다.

---

25 С. Бадамхатан·Г. Цэрэнханд(2012), Монгол улсын угсаатны зүй. II(нэмж засварласан хоёр дахь хэвлэл), УБ., т. 365
26 Хүн ма(2011), орон сууцны 2010 оны улсын тооллого нэгдсэн дүн, УБ., т. 54

바론가르Baruungar 오량하이 호쇼에는 사르골Shar gol ; Shiroi gol C.B, 부레브Burev, 몽골, 모린Morin, 터르웍Torvog, 호이드Khoid ; ikh ; baga, 다르하드Darkhad ; khoo ; khar ; shar, 어리야스Oreyas ; Gorlos, 홀돈Kholdon, 툰헨Tvnkhen, 샤자이Shagzai, 허르헝Khorkhon, 부리아드Buriad, 처리드Chorid, 엠치Emch, 슈웍Showog, 옹고다Onguda ; onkhod, 아흐Akh, 베르헤드Berkhed, 샤진족Shajin, 수이르치Svirch, 처노Chono, 하르친Kharchin, 누츠게드Nvtsged, 헐버Kholboo, 에츠게드Etsged, 하사그Khasag, 어르척Oortsog 등이 있다고 하였다.

이렇게 알타이 오량하이의 왼쪽과 오른쪽에 4개의 호쇼(다이친 베이스, 오량하이, 사롤 군, 메렌)가 있으며, 여기에 45개 정도의 씨족들에 대해 자세히 기술하였다.[27] 몽골 역사 학자 A. 오치르 박사가 쓴 『몽골의 오이라트 약사 略史』에서는 알타이의 오량하이에 대해 허르헌khorkhon, 툰헨tunkhen, 울럭ulug, 이흐 울럭, 돈드 울럭, 바가 울럭, 부르게드, 하르 부르게드, 샤르 부르게드, 자와르 부르게드, 자모드zaamud, 어르척, 둔흘, 하르 둔흘, 샤르 둔흘, 몬다스mundas, 차간 톡, 노곤 톡, 하르 톡, 올랑 톡, 바일가스 우스게스 balgas usges, 을저드, 잘호 자모드zalkhuu zaamud, 잔 사이트 자모드zan sait zaamud, 가자르 게린헹gazar gerinhen, 을드, 더르버드, 부리아드, 사인 엠치, 하사그, 탕고드tangud, 오량하이, 차간 부르게드, 미양가트miayngat, 샤즈가이shaazgai, 헤레kheree, 하르 호르치드, 샤르 호르치드, 허워셔khovshoo, 야톤Yatun, 호인 차간 톡khoin tsagaan tug, 호트고이트 차간 톡, 호톤 차간 톡, 하르 보르고드, 샤르 보르고드, 한드가이, 조드, 사드, 옹호드onkhod, 혼호드, 토르고드, 오리야스Uriyaas ; Orias, 누츠게드nutsged, 샤왕shaywon, 다르

---

27 С. Бадамхатан·Г. Цэрэнханд(2012), Монгол улсын угсаатны зүй. II(нэмж засварласан хоёр дахь хэвлэл), УБ., т. 364

하드, 보양 - 우진헹buyan-ojiihen, 홀돈, 호이드, 샤그잔, 찰리만chaliman, 추르드choord, 호 다르하드, 도랄duraal, 곤즈고이gonzgoi, 바타드baatad, 사와르 Sawar, Jawar? 부르게드, 아단흐 adankh, 부구스, 초호르, 타르고드, 샨가스, 후트치, 툠트, 이르게드, 탄다, 호쇼드, 캬Kaa ; khia, 먼처거monchoogo, 투메드, 아워친, 오롤 보도르, 아르스, 말릭, 잘, 다르할, 할자드, 호트고이드, 히모리, 올랑, 부르드, 숀고르, 존나스트, 나마이드, 이흐 샤르노드, 바가 샤르노드, 보르지긴, 사르톨, 샤르노드, 히르기스, 하시노드, 후히드, 아르왕 고르반 차히르, 샤라이드, 처너[28] 등 112개 씨족을 기술했다.

또한 1987년과 1989년에 걸쳐 오량하이를 연구한 역사연구소의 락과수렌은 부르게드, 울럭, 둔흘, 올랑 소욘, 버스, 저르토머스, 차간 소욘, 차간 톡, 호르치드, 이르케트, 하사그, 샤르 호치드, 바야드, 테겐티, 사드, 자미드, 어르척, 차나가스,[29] 샤르 부르게드, 하르 부르게드, 사와르 부르게드[30]" 등의 씨족을 기록했다.

이번 조사·연구과정에서는 선행 연구에서 수록하지 않은 오직uijig과 툭신흔togsiinkhon이라는 두 개의 씨족을 새롭게 찾았다. 이에 대해 바양 울기 아이막 알타이 솜의 주민인 차간 톡 씨족의 79세 리세 씨는 "여기에 부르게드, 어르척, 차간 톡, 오지그, 툭스라는 씨족이 있었다. (중략) 알타이에 살고 있는 한 가족에 형제 두 명이 태어났다. 모든 것이 완벽하기를 기원해서 툭스(완전

---

28 A. Очир(1993), Монголын ойрадуудын түүхийн товч, УБ., т.66
29 И. Лхагвасүрэн(1987), онд Баян-Өлгий аймгийн Урианхай ястны дунд явуулсан хээрийн шинжилгээний тайлан, Түүхийн хүрээлэнгийн Баримт мэдээллийн сан. Х-7, Д-3, ХН-24(а) т.198
30 И. Лхагвасүрэн(1989), онд Баян-Өлгий аймгийн Урианхай ястны дунд явуулсан хээрийн шинжилгээний тайлан, Түүхийн хүрээлэнгийн Баримт мэдээллийн сан. Х-7, Д-3, ХН-24(б) т. 198

한)라는 이름을 주었다라고 한 승려가 말했다 한다. 다른 아들에게는 오짐이라는 이름을 주었다. 오랜 세월이 지나 발음이 점차 변해서 '오지그'라는 이름이 되었다"고 하였는데, 이는 이번에 새롭게 획득한 정보다.

또한 그는 어르척 씨족의 이름과 기원에 대해서 "헨티 아이막의 어르척 훈드에 거주하는 주민, 거기서 이주해온 사람들, (중략) 우리 조상들이 옛날부터 기도할 때 '보르항 할돈 산, 산신께서 은혜를 내려 주십시오. 칭기즈 칸께서 은혜를 주십시오'라고 빌었다. 나의 어머니가 1967년에 돌아가셨는데, 그때 그렇게 기도했다"고 말해 주었다. 현재 헨티 산과 바가 헨티 산 사이에 어르척이라고 불리는 산이 있는데, 이것은 10세기에 어르척 씨족이 오량하이로부터 보르항 할돈 산으로 이주해 왔다는 증거다. 따라서 리세 씨의 말은 신뢰할 만하다.

또한 샤르, 하르 부르게드 씨족의 기원에 대해 "한 부잣집이 있었다. 그런데 아이가 태어났으나 죽고 말았다. 그래서 한 고명한 승려를 찾아가서 '어떻게 하든 아이를 살려 달라' 애원했다. 그러자 그 승려는 '너는 새로운 씨족을 만들어야 한다. 앞으로 태어날 아이의 요람을 독수리 둥지에 두면 살 수 있다. 그리고 그 아이를 부르게드(독수리) 씨족이라 하라. 만약 아들을 낳으면 수컷 독수리 둥지에 요람을 두고 하르 부르게드(검은 독수리)라고 하고, 딸이 태어나면 샤르 부르게드(노란 독수리)라고 하라'라고 했다. 그래서 그 집에 아들과 딸이 태어나자 하르 부르게드와 샤르 부르게드가 되었다. 지금 올랑하드에는 두 개의 씨족이 있다"는 재미있는 이야기를 알게 되었다.

오량하이를 몽골화된 투바족이라고 믿는 투바인들도 많이 있었다. 그들이 내세우는 중요한 증거는 오량하이 샤먼이 신을 부를 때 다음의 투바어를 사용한다는 점이다.

Ai khunin jaaj
Ai adai anekhin khuninde
Argai menge jungalag
Ak torgo astlig
Ak godoon dosguun

이를 통해서 볼 때 투바인들은 "샤머니즘은 투바족에서 유래하였다. 오량하이족은 사실 투바인들이다. 그래서 신령들은 투바어로 말한다"고 한다. 이것은 오량하이와 투바가 기원이 같다는 확실한 증거가 되지는 않겠지만, 두 부족이 오랫동안 이웃으로 살아 왔기 때문에 여러 가지 면에서 유사해졌음을 확인할 수 있다.

요약하면 알타이 산맥 동쪽에 거주하는 민족 또는 부족들은 기원과 민속문화 측면에서 서로 깊은 관련이 있는 친척 관계의 민족이라는 사실을 알 수 있다.

몽골 알타이 산맥 부족의 언어와 종교

V. **톱신투그스** (몽골과학아카데미 어문학연구소)

번역 – N. 멘드

알타이어

알타이 산맥 동쪽 기슭은 몽골 서쪽지역에 해당되며, 이 지역에는 몽골계와 투르크계 부족들이 살고 있다. 이 지역은 몽골 행정구역상 바양 울기 아이막과 고비 알타이 아이막에 속하며, 바양 울기 아이막에는 몽골계 더르버드족과 오랑하이족, 투르크계 투바족과 카자흐족이 산다. 2010년 통계에 따르면 몽골 총인구 중 카자흐족이 101,526명, 더르버드족이 26,654명, 투바족이 5,169명이며 몽골어와 카자흐어를 사용한다.

언어학에서는 몽골어와 투르크어를 한 계통의 언어로 보는 견해가 있지만, 이러한 견해를 받아들이지 않거나 부정하는 학자들도 적지 않다. 예컨대 1709년 폴타바 전투 때 러시아에 포로로 잡힌 스웨덴군 장교 스트랄렌베르크 대령이 시베리아 주변 유목민의 언어와 방언이 서로 유사함을 관찰하고, 이들이 동일 계통의 언어라는 견해를 처음 발표한 이후 몽골, 투르크, 만주-퉁구스, 한국어, 일본어 등이 계통적으로 친근관계를 가진 언어라고 보고 이들 언어를 알타이어족 언어, 공통 조어는 알타이어라고 가정하여 명명하였다. 알타이어족 언어에는 다음과 같은 공통적인 특징이 존재하기 때문에 계통적으로 친근관계를 가진다고 여겨 왔다.

① 형태상으로 유사한 단어가 많이 존재한다.
② 단어 구조에 있는 음운이 거의 같다.
③ 언어유형론적인 관점에서 보면 모두 교착어(첨가어)다.

④ 문장 구조나 구성이 서로 유사하다.

연구자들은 앞서 언급한 이들 언어는 서로 유사점이 많다고 보고 있으며, 특히 어휘 연구를 많이 하였는데 투르크어와 몽골어 어휘군의 50%, 형태소의 25%가 서로 일치한다고 보고 있다. 그러나 이러한 연구는 몽골어 측면에서 관찰하여 형태론적 방면의 연구를 할 필요가 있다.

알타이어족 언어들의 한 가지 특징이 단어가 교착성을 가진다는 점이다. 이것은 단어 어근語根 뒤에 접사接辭가 결합되는 성질을 의미한다. 교착성은 몽골어의 '전기화한 우리들과 함께'라는 의미의 'tsa-hi-l-gaan-j-uul-(a)lt-iin-qan-tai-(g)aa'라는 단어에서 볼 수 있다. 따라서 알타이어족에 속하는 언어 중 형태·의미상으로 유사한 어휘들을 위와 같이 제일 마지막에 첨가된 형태소부터 역순으로 분석하여 단어의 어근을 찾고, 나아가 서로 비교함으로써 알타이어계 언어에서 보편적으로 쓰이는 형태의 단어인지, 차용된 단어인지를 밝힐 수 있다.

예를 들면 몽골어에는 'bilig - 지혜', 'biligt - 선천적으로 타고난', 'biligten - 천재인', 'biligtei - 지혜로운'이라는 단어가 있는데, 이들은 형태소 분석을 하면 'bilig'이라는 어간에서 파생된 것이 분명하다. 반면 투르크어계 언어들에 같은 형태의 'bil - 알다', 'bilga - 지식'(고대 투르크어), 'bilgi - 지식'(카자흐어, 투바어), 'bilim - 지식', 'bilir - 알다'라는 단어가 있다. 몽골어계와 투르크어계 언어들에 공통적으로 존재하고 있는 이 단어들의 어근은 'bil-'이다. 몽골어에는 이런 어근이 존재하지 않기 때문에 이 단어는 투르크어계에서 차용되었다고 볼 수 있다.

그러나 오늘까지 아직 어원이 밝혀지지 않는 단어들은 몽골어 측면에서 관찰하여 형태론적 방면의 연구를 해야 할 필요가 있다. 예를 들면 학자들은

그림 1 바양 울기 아이막 보양트 솜 소재 라쉬초일린 불교사원(사진 제공 : 장준희)

몽골어의 '호다르가'(말안장 뒤쪽에 달아 말의 꼬리와 엉덩이 부위에 묶어 고정시키는 줄)라는 단어는 투르크어에서 차용하였다고 보고 있다. 이 단어 구조는 'qud-+raga'이며, 몽골어에서는 'qud-'라는 어근에 해당하는 말이 존재하지 않는다. 그러나 이 단어의 어근을 어원학과 언어민속학 측면에서 다음과 같이 볼 수 있다. 즉 고대 투르크 문헌에 qudruq~quduruq '1) 꼬리 ; 2) 뒤쪽, 엉덩이 부위'라고 기록되어 있어 의미상으로 유사한 특징을 가지고 있다. 그러나 말 등 가축의 엉덩이 부위에 쓰는 도구를 qudarga라고 명명하게 된 것은 훗날 일이다.

투르크어에는 qud-~qudu라는 어원이 없다. 그러나 몽골 문자의 qodu(n), 즉 '꼬리뼈'라는 단어가 우리가 분석하고 있는 이 단어와 어근이 같으며, 또한 의미상 일치한다. 투르크어와 몽골어의 q~γ 자음이 서로 교체하여 이 단어의 변이형이 생겼으며, 원시 의미와 어근이 몽골어에 그대로 보존되어 남았다고 볼 수 있다. 또한 몽골어의 'γudrakh'(1. 구멍에 무언가를 쑤셔 넣다, 2. '먹다'의 비속어)라는 단어는 'γodon'이라는 낱말과 어원적으로 관계가 있다. 몽골의 한 설화에서, 옛날 유목 이동이 어려운 고령자들에게 양 꼬리를 삼켜 목에 걸리게 해 죽였다는 이야기가 있다. 이것은 양 꼬리인 γodon을 삼키게 하다는 뜻을 가진 동사를 γodrokh라고 부르다가 점점 그 형태가 변해 'γudrakh'가 되고, 나중에 금기시하거나 비속어의 의미로 사용하게 된 것으로 본다.

    연구자들이 몽골어와 카자흐어의 4만여 단어를 비교·분석해 본 결과 그 중 60%가 서로 일치하고 있다는 것을 밝혔다. 예컨대 사람의 성과 이름, 목축업 관련 어휘, 종교와 문화 관련 어휘, 가사 도구와 자연 형상 관련 용어, 동물 이름, 사람과 동물의 기관 관련 용어, 가축 생김새 관련 용어와 색깔 명, 사회·정치·경제 관련 어휘에서 일치되는 점이 나타났다. 이러한 일치는 대부분의 연구자들이 두 언어가 어원상으로 관련되어 있으며, 하나의 조어祖語에서 갈라져 생성되었다는 증거로 보고 있다. 또한 투바어와 몽골어는 어휘와 문법상 서로 일치하는 비율이 높으며 몽골어에서 차용한 요소도 적지 않다.

    1920년대 초 투바인들에게 몽골어는 정보와 문화를 받아들이는 주요 언어였으며, 정부 및 종교 엘리트들은 몽골어와 몽골 문자를 사적인 혹은 공무公務에서 사용하였다고 한다. 따라서 투바어에는 몽골어를 통해 차용된 만주, 중국, 티벳계 어휘들이 적지 않게 존재하며, 이것은 정치와 경제, 종교와 문화적으로 서로 밀접한 관계를 유지해 왔음을 증명해 줄 뿐 아니라 행정적으로 한 권역 아래에 있었다는 것과 관련성이 있다고 본다. 예컨대 불교가 투바인들에게 전파될 때 몽골인들, 특히 오이라트 몽골인들을 통해 전파되었기 때문에 불교와 관련된 어휘들도 역시 오이라트 방언이 사용되고 있다.

그렇지만 알타이어족 언어들의 어원은 오늘날까지 학자들 사이에 논쟁을 일으키고 있으며, 아직까지 통합된 견해에 도달하지 못하고 있다. 그러므로 몽골어와 카자흐어, 몽골어와 투바어에 대한 전면적인 비교·분석이 필요하다. 알타이어계에 속하는 개별 언어 간의 비교·분석을 통해 같은 계통의 언어 음을 밝히는 연구를 하지 않고서는 이 문제를 해결할 수 없다고 본다.

알타이인과 풍습

오량하이와 불교

알타이 산맥 동쪽 기슭에 거주하는 몽골계 부족은 더르버드족과 오량하이족이다. 원래 몽골에서 거주하는 몽골계 부족들은 크게 할하, 오이라트, 부리아트의 세 부족으로 나눌 수 있다. 오이라트족에는 더르버드, 바야드, 오량하이, 자흐칭, 허이드, 먕가드, 울드, 토르고드, 허쇼드, 허텅 부족이 속한다. 이 부족들 중 오량하이족은 옛 문헌에 기록되어 있다.

지금으로부터 2600년 전 몽골과 투르크 부족 간에 전쟁이 발발하였는데, 몽골인들이 패배하여 '에르구네 쿤'이라는 숲과 바위로 둘러 싸인 지역으로 도망가 거기에서 200여 년 동안 머물게 되었다. 부족의 인구가 점점 증가하면서 거주지가 비좁아지자 바위산의 철광석이 있는 부분을 풀무질하여 쇠를 녹이고 길을 만들어 넓은 곳으로 탈출하였다고 하는데, 바위산을 깨어 쇠를 녹이는 일에 오량하이족이 참여하였다고 한다.

오량하이족에게 야금술冶金術이 성행했다는 기록이 있는데, 『몽골비사』

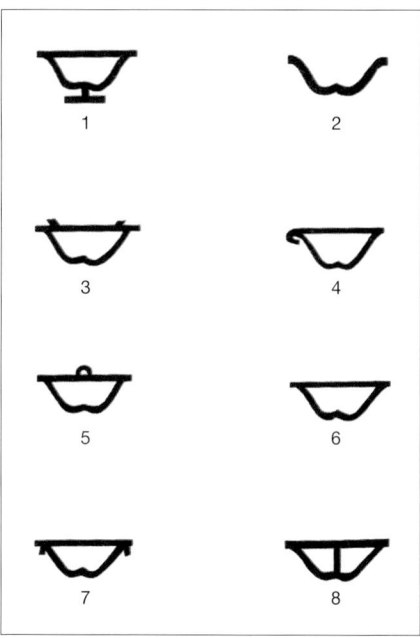

그림 2 알타이 오랑하이인들의 활모양 낙인들

97장에 '부르기 기슭에 있을 때 보르칸 성산에서 오랑하이 사람 자르치오다 이 노인이 풀무를 지고 젤메라는 이름의 아들을 데리고 왔다'는 내용이 있다. 『몽골비사』에 기록된 오랑하이 사람 젤메는 칭기즈 칸의 맹우이자 충신 가운데 한 사람이 되었다. 지금도 오랑하이 사람들은 젤메, 수베데이 등을 존경하여 태어난 아이에게 그들의 이름을 지어주는 경우가 적지 않다.

오랑하이족은 다른 몽골인들과 마찬가지로 불교를 믿는다. 20세기 초까지 오랑하이족은 다시처잉허르 사원(1833), 메이렝 사원(1848), 사그사이 사원(1890), 사롤 궁 사원(1900) 등에서 활동하고 있었다. 이 중 사그사이 사원의 규모가 가장 컸으며 1930년대에는 300여 명의 라마승려들이 있었다고 한다. 이 사원에서는 봄과 가을에 '참cham' 의식을 행했으며 그 의식에는 붉은색과 푸른색 얼굴을 한 두 명의 지역 수호신이 등장하였다. 이와 관련된 전설이 있다. 오량하이족이 숭배해 온 쳉겔하이르항 산에서 발원한 강이 그 남쪽 산에서 발원한 강과 서로 같은 방향으로 흘러가서 산기슭에서 합류하여 하나의 강이 되었다. 봄이 되어 유빙이 떠내려갈 무렵 서로를 기다렸다가 그 지점에서 합류하였다고 한다. 이 때문에 그 지역 주민들이 이 강을 'kheleltseet('약속의 강'이란 의미)'라고 부르게 되었다. 이후 이 발음이 점점 변해서 kho'ltsoot 강이라는 이름을 가지게 되었다는 전설이 있다. 산기슭에서 합류한 두 강의 수호신은 각각 남자와 여자라고 하기도 하고, 어떤 이는 오누이 관계였다고도 한다. 그러나 1930년 말 이 사원들은 전부 파괴되었고, 일부 승려들은 학살당하였거나 억지로 평민이 되었다.

오량하이의 활쏘기와 낙인

활쏘기

몽골의 나담 축제의 한 종목인 활쏘기에 오량하이식 활쏘기 방식이 있다. 이 오량하이식 활쏘기는 할하식이나 부리아트식 활쏘기보다 활을 쏘는 거리가 더 길 뿐만 아니라, 화살이 과녁을 맞춘 후 그 뒤에 쌓아 놓은 흙덩이를 넘어가야 점수를 딴다. 오량하이인들은 따뜻한 계절에만 활쏘기를 하는 것이 아니라 겨울철에도 얼음으로 과녁을 만들어 쏘기도 하였다고 궁수 Kh. 허흐 선생은 이를 회상하였다. 최근에 들어 오량하이식 활쏘기에 대한 관심이 높아져 보양트 솜蘇 중학교에서는 특별활동 수업에서 이것을 가르치게 되었고, 또한 보양트 솜 배盃 중학생 활쏘기 시합까지 열게 되었다고 한다.

오량하이인들에게 활쏘기가 이렇게 전해져 내려온 것은 청나라의 정책과 관련이 있다. 만주족이 17세기 초부터 몽골을 정복하기 시작할 당시 오이라트 몽골인들이 가장 큰 저항을 하며 100여 년 동안 투쟁하였지만, 결국 패배하여 복속되고 말았다. 이 때문에 청나라는 오이라트인들이 활을 사용하는 것을 금지시켰지만 거주지역의 정세를 고려하여 오량하이족에게는 수렵의 의무를 부과하였기에 이들에게 활을 사용할 수 있게 허가해 주었다. 가령 오량하이족 7개 호쇼旗의 각 가정은 매년 밍크 가죽 2장을 공납하여야 했다. 만일 밍크 가죽을 공납하지 못하면 밍크 가죽 1장에 여우 가죽 2장, 밍크 가죽 1장에 다람쥐 가죽 40장을 징수하여 매년 여름의 가운데 달에 북경으로 보냈다.

오량하이인들의 생활에 수렵이 중요한 역할을 해왔음은 그들의 노래를 통해 확실히 알 수 있다. 예컨대 사냥감을 많이 잡기를 바라는 마음을 담은 여러 종류의 노래가 있다. 이 가운데 사슴 사냥을 아주 귀한 것으로 여겼는데 사슴을 포획하면 그 머리를 높은 산봉우리 위 해가 뜨는 쪽을 향해 놓는 전통이 있었다고 한다. 이 전통은 바양 울기 아이막道 알타이 솜 소속 주민들이 '사냥꾼'이라고 칭하는 S. 베그지가 이야기해준 것이다. 사냥하러 나가는 사냥꾼을 배웅하면서 다음과 같은 노래를 한다.

> 알록달록한 알타이 산 능선에
> 옅어졌다 짙어졌다 안개가 낀다.
> 사냥하러 나가는 젊은이는
> 용맹한 사나이.
>
> 새벽에 낀 안개는
> 길고 흰 안개.
> 타고 간 말은
> 물 흐르듯 측대보(側對步) 걸음.

타고 앉은 안장은
공작새 깃털.
안장을 얹어 타고 간 젊은이는
용맹한 사나이.

물려 놓은 재갈은
백은(白銀)으로 만든 재갈
재갈을 물리게 한 젊은이는
용맹한 사나이.

묶어 놓은 안장 가슴걸이 끈은
백은으로 만든 안장 가슴걸이 끈.
가슴걸이 끈을 묶은 젊은이는
용맹한 사나이.

안장을 꼬리에 고정시킨 줄은
백은 고정줄
안장을 고정시켜 타고 간 젊은이는
용맹한 사나이.

당겨 묶은 뱃대끈은
색색의 실
당겨 묶고 간 젊은이는
용맹한 사나이.

꼬아 만든 뱃대끈은
육십 가지 색 실
뱃대끈을 묶어 탄 젊은이는
용맹한 사나이.

┌ 그림 3 바양 울기 아이막 쳉겔 솜의 B. 자르갈사이항
가족(사진 제공 : 장준희)

딛고 탄 등자는
모루 모양의 백은
딛고 탄 젊은이는
용맹한 사나이.

타고 간 말은
훌륭한 준마
차고 간 무기는
크고 튼튼한 활

낙인

오랑하이인들의 삶 속에서 중요한 역할을 해 온 활과 화살은 그들의 가축 낙인용으로도 사용하였다. 그러나 오랑하이인들이 언제부터 활과 화살을 자기 부족의 낙인으로 사용하게 되었는지에 대한 증거는 아직 발견되지 않았다. 설화에 의하면, 칭기즈 칸이 전쟁을 하고 돌아오는 길에 오랑하이인 젤메를 불러 자신들의 말戰馬이 (그 지역) 야생 말들과 섞이지 않고 쉽게 할 수 있는 방법을 찾으라고 하자 그는 전마의 엉덩이에 활 모양의 낙인을 찍어 풀어 놓았다고 한다. 그 후부터 몽골족은 말이나 가축에 낙인을 찍게 되었다고 한다.

한 씨족의 구성원이 늘어나 분가하게 되면 기존의 낙인에 다른 요소를 추가하여 구분한다. 예컨대 오랑하이 Khar burged 씨족은 고리 달린 활 모양, Irged 씨족은 가시가 달린 활 모양, Ulaan soyon 씨족은 아무 장식이 없는 민무늬 활 모양의 낙인을 사용한다. 우리가 알고 있는 바로는 오랑하이족의 가장 오래된 낙인은 바양 울기 아이막 알타이 솜 주민인 Khar but 씨족 B. 리셰 씨가 소장하고 있는 민무늬 장식 활 낙인이다. 이 낙인은 1850년대에 고향 대장장이인 다이후에게 황소 한 마리를 살 수 있는 값을 주고 만들었다고 한다. 만주(청) 시기 오랑하이 7 호쇼는 좌左·우기右旗로 나뉘어져 있었기에 우기에 거주하는 오랑하이인들은 가축의 오른쪽에, 좌기에 거주하는 오랑하이인들은 왼쪽 엉덩이에 각각 낙인을 찍었다.

서사시와 연창

몽골 구비문학의 가장 큰 종류는 서사시이며, 서사시를 연창하는 전통이 오늘날까지 전해 내려온다. 그러나 최근들어 이러한 전통의 명맥이 끊어지고 있으며 전 세대와 같은 훌륭한 연창자가 없어지고 있다고 이 지역 사람들이 아쉬워하고 있다. 그러나 유네스코에서 몽골 서사시를 세계문화유산으로 등록하여 계승·발전시키는 데에 적지 않은 관심을 기울이고 있다. 몽골 서사시는 일반적으로 문어·구어 사이에 차이가 나는 독특한 형태를 가지고 있는데, 이들은 2,000~6,000개의 행으로 이루어지며, 사람들의 꿈과 희망의 표현인 구비문학의 가장 큰 갈래 가운데 하나다.

오량하이족 가운데는 질케르, 보양, 처이수렝, 아비르메드 등 서사시 연창꾼들이 있었으며, 아버지에서 자식에게 계승하는 방식으로 전해내려 왔다. 예를 들어 질케르 서사시 연창꾼의 막내딸인 어럴마 씨의 아들이 유명한 서사시 연창꾼 아비르메드다. 그는 어렸을 때부터 외할아버지 젤케르가 서사시를 연창하러 갈 때마다 따라다녔으며, 어느 순간부터 모든 서사시를 알게 되어 스스로 연창하게 되었다고 한다. 오늘날 오량하이족 서사시 연창꾼들이 연창하는 '졸 알다르 칸', '탈링 샤르 보동', '후데르 멍겅 뎁네', '부진 다바', '바양 자간 어브건', '아르길 자장 어브건' 등 유명한 영웅서사시가 많다.

오량하이족이 서사시를 연창할 때 행하는 독특한 풍습이 있는데 그것은 종교와 관련이 있다. 서사시 연창을 듣고 싶은 가정집에서는 연창꾼 집에 가서 요청을 하며, 만일 연창꾼이 허락하면 연창꾼의 악기를 깨끗한 천에 싸서 가져와 집 안의 북쪽에 모신다. 몽골인들은 집 안의 북쪽을 집에서 가장 중요한 상석으로 여겨 숭배하는 것과 존경하는 것을 이 자리에 모신다. 따라서 집 안의 북쪽을 향하여 다리를 뻗거나 자는 것을 금한다. 카자흐족도 역시 집 안의 북쪽을 중요시하며 집에 온 손님을 북쪽에 있는 상석으로 모신다. 한편 이러한 영웅서사시의 모두는 반드시 알타이 산맥에 대한 찬양으로 시작한다.

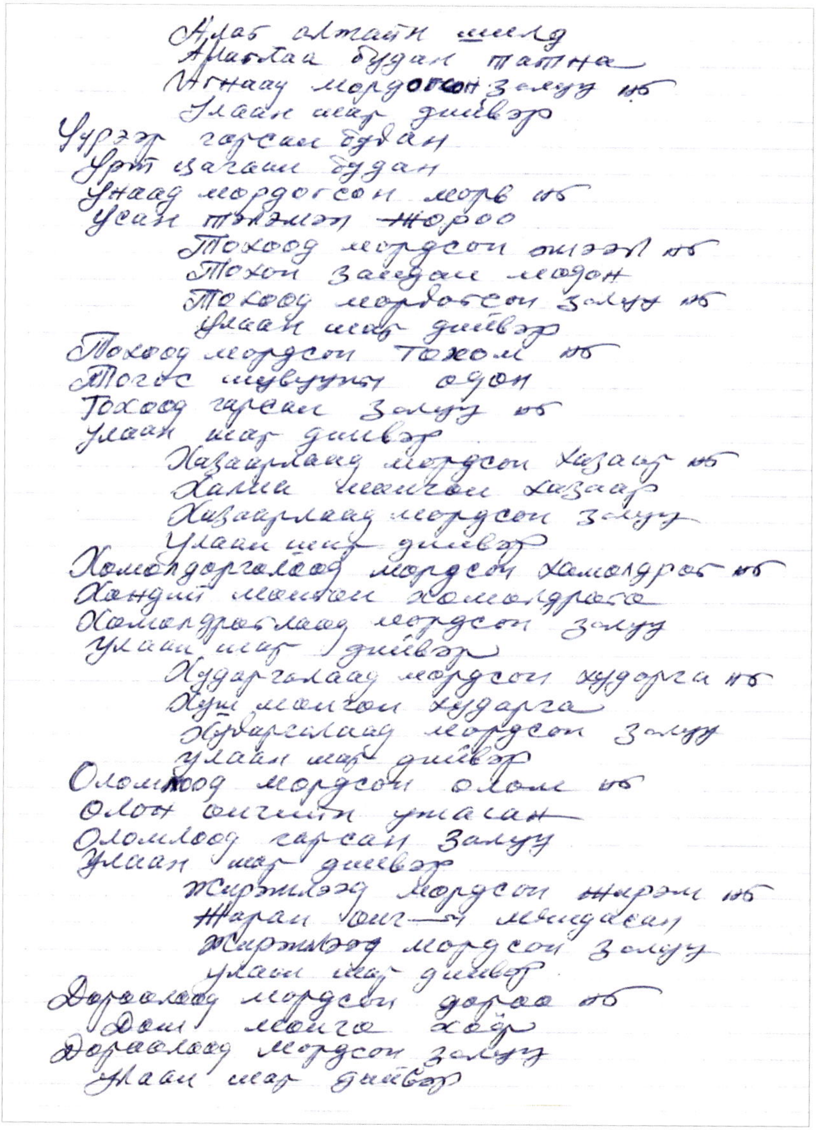

Алаг алтайн шилд
Амьтай будан татна
Үнааү мордсон залуу нь
Улаан шар дуйвэр
Үүрээр гарсан будан
Урт цагаан будан
Унаад мордогсон морь нь
Усан түнзмэл жороо
Тохоод мордсон онзол нь
Тохон замрсан модон
Тохоод мордогсон залуу нь
Улаан шар дуйвэр
Тохоод мордсон тохом нь
Тогс шувууны одон
Тохоод гарсан залуу нь
Улаан шар дуйвэр
Хазаарлаад мордсон хазаар нь
Халиа маньсан хазаар
Хазаарлаад мордсон залуу
Улаан шар дуйвэр
Хомолдорголоод мордсон хомолдрог нь
Хэндий маньсан хомолдрог
Хомолдорголоод мордсон залуу
Улаан шар дуйвэр
Хударгалаад мордсон хударга нь
Хүш маньсан хударга
Хударгалаад мордсон залуу
Улаан шар дуйвэр
Оломдоод мордсон олом нь
Олон онгитн утасан
Оломлоод гарсан залуу
Улаан шар дуйвэр
Жирэмлээд мордсон жирэм нь
Жаран онгит мундсан
Жирэмлээд мордсон залуу
Улаан шар дуйвэр
Дараалаад мордсон дараа нь
Дош монго хөөр
Дараалаад мордсон залуу
Улаан шар дуйвэр

그림 4 바양 울기 아이막 보양트 솜의 보쉬고훈드 씨족 O. 바스트가 구술한 '알라그 알타이 쉴' 노랫말

만년설에서 발원한
뭉특한 바위 봉우리를 가진
높디 높은
내 풍성한 고향 알타이이여.

버드나무와 포플러 나무가 있는
샘물이 솟아 나오는
높디 높은
내 풍성한 고향 알타이이여.

    고대 오량하이 서사시 연창꾼들은 모두 사냥꾼이었으며, 사냥하러 가거나 사냥꾼의 임시 오두막집에 와서 알타이 산맥을 찬양하여 알타이 산맥의 산신 山神인 알리아 헝거르를 부르며 사냥감을 부탁하는 것은 동물 숭배와 관련된 풍습이다. 아비르메드 연창꾼이 이 풍습과 관련된 다음과 같은 전설을 들려주었다.

그림 5 바양 울기 아이막 사그사이 솜 거주 O. 솔탄바이(사진 제공 : 장준희)

    옛날에 서사시 연창꾼, 사냥꾼, 만물을 꿰뚫어 보는 사람 등 셋이 함께 사냥하러 갔다. 그러나 그들은 사냥감 한 마리도 잡지 못한 채 며칠이 지나갔다. 어느 날 저녁 서사시 연창꾼이 알타이 산맥을 찬양을 하였다. 그러자 여기저기서 작고 큰 여러 마리의 동물들이 나타나 서사시 연창꾼의 주변에 앉아 듣기 시작하였다. 연창꾼의 뒤에 앉아 서사시를 듣고 있던 몸집이 작은 절름발이 노파가 미끄러져 떨어지려고 기우뚱거리는 것을 본 만물을 꿰뚫어 보는 사람이 갑자기 크게 웃자 연창꾼이 놀라 '나를 우습게 보는구나'라고 생각하여 연창을 멈추었다고 한다. 그러자 사람 눈에 안 보이는 작고 큰 여러 마리의 동물들이 이렇게 아름다운 찬양을 듣지 못하게 되었다고 아쉬워하면서 절름발이 노파를 탓하여 내일 너의 절름발이 검은 사슴을 이 세 사람의 사냥감으로 보낼 것이라고 하였다. 그 다음날 세 사람이 다시 사냥하러 나가자 뿔이 12개 갈래의 사슴이 나타나 그들에게 잡혔다고 한다. 그래서 그들은 알타이 산맥의 산신山神인 알리아 헝거르神가 사냥감을 보냈다고 감사하여 예식을 행하였다고 한다.

민간 신앙과 종교

원래 오이라트족에게 알타이 산맥은 숭배의 대상이며, 그 중 큰 오보(성황당)를 중심으로 사방四方에 세 개씩 부속 오보를 만들어 모두 13개의 오보를 세워 제사를 지낸다. 이 오보들을 '알타이 지역 13 오보'라고 부르며 아침마다 차로 고수레를 하여 건강과 부富를 기원하는 전통이 있다. 그러나 후에 불교의 영향으로 산신山神을 초대하는 주술에서 종교 용어가 많이 등장하기 시작했고, 더 나아가 불교 보살들을 서사시 속의 영웅, 주인공 등으로 묘사하여 숭배하게 되었다.

알타이 지역 오량하이족 7 호쇼 사람들은 모두 알타이 산맥의 한 봉우리인 '에제를레그'라는 산을 숭배해 왔다고 한다. 이전에는 '나르만다흐日出'라는 이름을 갖고 있었다고 하는 이 산의 명칭에 대해 다음과 같은 이야기가 있다. 어느 한 제사 때 안장을 얹어 놓은 말이 없어져 찾고 찾아도 못 찾았다고 한다. 그러나 며칠 후 산봉우리에서 동사凍死한 것을 발견하였고, 말 주인이 이 산을 '남의 말을 빼앗아 간 포악한 산신령이 있는 산'이라고 하는 데에서 유래해 '나르만다흐' 산을 '에제를레그' 산이라고 부르게 되었다고 한다.

그러나 이 명칭에 대해 바양 울기 아이막 쳉겔 솜 주민 M. 쳉겔사이항은 "'에제를레그'라는 산의 이름은 원래 '에멜테이(안장을 얹은)'라는 뜻의 투르크 단어라고 하였다. 이 산에는 산양이 많이 서식하며, 가을에 살찐 산양의 허리 부위가 멀리서 보면 안장을 얹은 것처럼 옅은 색을 갖게 된다. 따라서 '안장을 얹은'이라는 뜻의 '에제를레그'라는 단어로 이 산을 명명하지 않았을까"라고 하였다.

바양 울기 아이막에서 거주하는 오랑하이족과 더르버드족의 종교는 불교로, 사회주의 시절에 금지되었던 이 종교는 1990년대부터 다시 부흥하고 있다. 그러나 아이막 도청 소재지와 보양트 솜에 불교 사원이 존재하지만 승려 수가 적기 때문에 정상적으로 활동하지 못하고 있다. 이것은 총인구 가운데 차지하는 부족 수가 줄어들고 있는 현상과 관련이 있다고 이 지역 사람들은 말한다. 예컨대 차강노르 군청 소재지에는 더르버드족의 수가 적기 때문에 불교 사원과 승려가 없으며, 그 지역 주민들은 자기가 믿는 별자리 등에 빌거나 고수레를 하는 등으로 마음을 달랜다. 우리가 만난 더르버드 노파 Ch. 너어스트는 자기 건강과 운명을 타고난 별인 염정성(북두칠성의 다섯 번째 별)에 고수레를 하고 "악한 것은 물렀거라! 선한 것은 강해져라"라고 주문을 외운다고 하였다.

알타이 산맥 동쪽 기슭에서 거주하는 부족들 중 오랑하이족, 더르버드족과 같은 종교를 믿는 부족은 투바족이다. 투바족은 옛날부터 무속신앙을 믿어 왔지만 몽골에서 황모파 불교가 전파됨에 따라 이 종교를 믿게 되었고, 무속신앙은 점점 잊혀졌다. 입에서 입으로 전해 내려온 이야기에 의하면 투바인들 중에 큰 능력을 가진 무당들이 적지 않게 있었으며, 마지막 무당이 사회주의 시대까지 살았다고 한다.

투바족 가정의 특징은 집집마다 게르 앞에 돌 세 개를 쌓아 올려 놓고 그 위에는 향을 피우는 관습이 있다. 이 풍습에 대해 투바족 사라가르 씨족 B. 자르갈사이항이 다음과 같은 이야기를 전해 주었다. "돌 세 개는 행복 – 불행 – 행복이라는 의미를 가지며 옛날 우리 호쇼 귀족이었던 분이 돌아가실 때 '집 앞에 돌 세 개를 세우고 향을 피워라. 그러면 내가 그 향내를 맡고 환생할 수 있게 될 것이다'라는 명령을 내린 이후부터 이러한 풍습이 생겨 났다"고 한다.

그림 6 투바인 가정 문 앞에 놓아둔 세 개의 돌. 세 개의 돌은 '행복 – 불행 – 행복'을 상징한다고 한다. (사진 제공 : V. 톱신투그스)

문헌과 역사 기록에 의하면 투바인의 전통적인 생활방식은 수렵이었으며, 그 흔적이 현재 민속 가운데 남아 있다. 투바인들은 군대나 학교 등 먼 길을 떠날 때 세 개의 돌 위에 피워 놓은 향불을 중심으로 하여 해가 도는 방향을 따라 세 번 도는 풍습이 지금까지 전해 온다. 이것은 떠나는 사람의 여정이 길하여 희망하는 일이 성공적으로 이루어지기를 기원하는 민간신앙의 흔적이며, 옛날에는 사냥하러 나가는 사냥꾼들이 이 의례를 행하였다. 향을 피우고 세 바퀴를 돈 사냥꾼은 제일 먼저 만난 오보에 올라가서 델을 땅에 펴놓고 다음과 같이 주문을 외우면서 기도한다.

황금 태양이여
맑은 하늘이여
의지를 꺾지 말고
눈을 돌리지 말고

구름은 남쪽으로
바람은 북쪽으로
향하게 하시옵소서
사냥감 동물들이
뒷산을 가득 뒤덮게 하시옵소서
넓은 옷을 땅에 펼쳐놓고
검은 머리를 숙여 기도하옵나이다.

이렇게 기도하는 까닭은 모든 산, 동물들에게 '주인神'이 있으며, 사람이 행하는 모든 일을 주재하는 하늘이 존재한다고 믿기 때문이다. 특히 곰을 다른 동물보다 특별히 숭배하여 사냥을 금한다. 그러나 가끔 사냥하게 되면 특별한 의식을 행하는데, 사냥한 곰의 머리를 무릎 위에 올려 놓고 "아이고, 어떤 놈이 풍습도 모르고 이런 짓을 했을까요? 위구르족과 중국 놈이 쏜 화살을 맞아 죽었구나. 널 죽이려고 그런 것이 아니다"라고 크게 소리치며 말한다. 이것은 숲의 주인인 곰을 숭배하는 투바족이 유탄流彈에 맞아 곰이 죽었다고 하여 신을 헷갈리게 하는 주술적인 방법이다. 이후 곰의 가죽을 벗긴 다음 곰의 머리를 집 반대쪽을 향해 놓고 "겁내지 말고, 노여워하지 말고, 편안하게 잠드소서" 하고 세 번 절을 한다. 원래 곰을 숭배하는 풍습은 시베리아에 사는 민족 가운데 널리 퍼져 있었으며, 어떤 씨족은 곰을 숭배하는 제사를 지내는데 움막집 기둥에 곰의 머리 모양을 걸어 두고 그것을 빙빙돌며 춤을 추기도 한다.

이렇게 투바인들은 곰을 숲의 주인이라고 숭배한다. 또한 토끼는 사냥감의 주인으로 여긴다. 사냥하러 가는 도중에 토끼가 오른편에 나타나면 '사냥감 주인이 우리에게 덕을 베풀 것이다. 손아. 길어져라'하고 주술을 외운다. 토끼가 왼편에 나타나면 '사냥감 주인이 늙었군요. 우리 먹을 복이 아직 줄어

그림 7 알타이를 숭배하는 노래의 악보

들지 않았다'고 주문을 외우면서 토끼 뒤에서 침을 뱉는다고 한다.

한편 투바인들은 아이가 태어나면 양을 잡아 오른쪽 다리의 종아리뼈는 아들을 낳은 산모에게, 딸을 낳은 산모에게는 왼쪽 다리의 종아리뼈를 삶아 그 탕을 먹이고, 발라먹은 종아리뼈를 아이 아버지가 받아 복숭아뼈만 깨끗이 발라내고 그것을 아이 요람에 달아 놓는 풍습이 있다. 따라서 그 집 자식이 몇 명인지, 그 중 아들이 몇 명이고 딸이 몇 명인지를 요람에 매달아 놓은 복숭아뼈를 보고 알 수 있다.

알타이의 카자흐족과 생활 풍습 및 문화

서부 몽골의 역사와 민속학적 측면에서 흥미로운 부족이 카자흐. 이 부족의 명칭에 대해서 'kaz+ak', 즉 '흰 오리', 혹은 '고생에서 벗어나다'라는 말이 '카자흐'라고 보는 견해가 있지만 둘 다 확실하지 않다. 카자흐족을 몽골인들은 '하사그'라고 부른다. 카자흐족 기원설화는 다음과 같다. 칭기즈 칸은 자신의 한 후궁과 자기 아들이 부적절한 관계를 맺게 된 것을 알고는 노여워하여 아들의 발뒤꿈치와 성기를 칼로 잘라 버리라고 명령하였다. 그러나 칸의 신하들이 그 아들을 가엾게 여겨 발뒤꿈치를 약간 잘랐으며, 할례割禮를 하고 델의 앞섶을 찢어버렸다고 한다. 몇 년 후 칭기즈 칸이 자기 아들이 죽었는지를 알아보라고 사람을 보냈는데, 장가를 들어 가정을 꾸린 것을 발견하였다. 이들이 카자흐족의 조상이 되었다.

카자흐 여인들은 머리에 흰 두건을 쓰는데, 그 이유는 자신의 아버지로부터 자기 아내를 숨기기 위해서다. 또한 카자흐 남자들은 검정 옷을 입는데 그 이유는 어두운 밤에 검은 그을음으로 옷에 표시해 놓아서 그렇다고 한다. 또한 옷의 앞섶이 직선으로 갈라지고 단추 없이 열려 있는 것은 옷의 앞섶을 찢어갔기 때문이며, 발뒤꿈치를 잘랐기 때문에 신발에 편자를 달아 신고, 포경을 도려 냈기 때문에 지금도 할례의식을 행한다고 한다.

그러나 원래 카자흐족이 투르크계 인종이라는 것은 과학적으로 확실한 사실이며, 비록 몽골계 일부 부족과 섞여 살더라도 그들이 카자흐임을 성姓을 통해 알 수 있다. 예컨대 더르버드족 가운데 카자흐족 성씨가 있는 것은 준가르 칸국이 멸망하였을 때 그 구성원이었던 카자흐족이 뿔뿔이 흩어져 정착하게 된 것과 관련이 있다. 더르버드족은 겨울철에 쓰는 모피 모자 가운데 하나를 '카자흐 모자'라고 부르며, 그 스타일이 몽골 전통 모자보다 독특하다. 연구자들은 이것이 더르버드족과 섞여 살게된 카자흐 씨족의 문화 요소라고 간주하고 있다.

카자흐족의 문화와 생활 방식이 바양 울기 아이막에서 거주하는 더르버드족과 오량하이족 생활 속에 많이 퍼져 있다는 증거는 그들이 음식을 먹을 때 가운데 차려 놓고 함께 먹는 풍습을 통해서도 확인할 수 있다. 옛부터 몽골인들은 개인용 그릇, 칼과 젓가락을 각자 지니고 다니는 풍습이 있으며 항상 자기 그릇에 밥을 먹는다. 그러나 카자흐인들은 음식을 가운데 차려 놓고 신에게 기도한 후 가장 연장자가 나누어 주는 식으로 밥을 먹는다. 현대 카자흐족과 이웃해 사는 오량하이족과 더르버드족이 국물 없는 음식과 삶은 고기는 가운데 차려 놓고 먹는 것을 볼 수 있는데, 이것은 생활 방식을 서로 차용한 결과다.

카자흐족은 19세기 중엽부터 알타이 산맥 동쪽으로 이동해 오게 되었고, 1867~1870년에는 무리 전체가 이동해 와 오량하이 귀족에게 토지를 임대하여 살게 되었다. 카자흐족이 몽골 땅에 이동해 와 거주하게 된 설화는 다음과 같다. 카자흐 사람들이 이동해 오는 소식을 들은 오량하이 귀족이 "카자흐 사람이 집 안을 훔쳐보게 하지 말아라. 그들이 들여다보기만 하면 우리 집 안에 들어 오려고 한다"고 하며 매일 세 살짜리 소 한 마리를 잡아먹는 개와 보초를 강가에 배치해 감시하며 경계하였다고 한다. 이후 강가에 도착한 카자흐 사람들이 오량하이 귀족과 만나려고 애를 썼지만, 지키는 개와 보초를 무서워하여 강을 건너지 못하고 있었다.

그러자 카자흐 부족의 부족장이 만일 오량하이 귀족에게 가 우리가 강가까지 이동해 왔다는 소식을 들려줄 수 있는 그런 용감한 사나이가 나타나면 자기 딸과 재산을 줄 것이라고 약속하였다. 그러자 한 젊은이가 말 두 마리를 번갈아 타며 강을 건너 겨우 개를 피해 오량하이 귀족 집에 도착하였다. 당시 오량하이 귀족이 살고 있었던 지역은 어이고르 호수 남부, 현재 바양 울기 아이막 올랑호스 솜 군청 소재지 부근 지역으로, 가시덤불로 뒤덮여 있었다고 한다. 그래서 그 젊은이의 다리와 말의 배 부위가 덤불에 찔려 피를 많이 흘렸다고 한다. 이것을 본 오량하이 귀족은 "어차피 여기까지 왔으니 말과 사람을 푹 쉬게 해라. 내가 너희 카자흐 귀족과 만나겠다"고 하였다 한다.

이후 1895년에 호브드 주재 만주대신에게 구백지공九百之貢을 바쳐 이 상황을 알리고 그들이 거주하고 있는 지역에 살 수 있도록 허락을 얻었다. 그러나 카자흐 부족 내에 권력투쟁이 발생하여 1900년에 시루치와 자디크 씨족이 서로 싸워 시루치 씨족이 카자흐 부족을 선도하는 역할을 하게 되었다.

카자흐족은 1911년 몽골족이 청의 지배에서 벗어나 독립을 선언한 후 보그드 한이 이끄는 몽골에 복속할 의향을 밝혔다. 1912년 3월에 그들은 몽골의 국민이 되어 호쇼와 솜 행정 단위에 소속하게 되었고, 부족 지도자들은 신분 및 도장을 발급받았다. 그러나 그 이후에도 지역 원주민과 카자흐 사람들 간에는 토지분쟁이 계속 불거져 나왔던 것을 역사문헌을 통해 알 수 있다. 예컨대 1927년에 열린 몽골인민공화국 제4차 국가대회의 대표인 바타르는 연설에서 다음과 같이 언급한 적이 있다. "또한 카자흐 사람들은 원래부터 살던 땅이 없었다. 현 거주지에 살 수 있도록 허락해 준 후에도 알타이 지역 오량하이족 사람들과 카자흐 사람들 간에는 토지분쟁이 나오곤 하였다."

이와 같은 사소한 갈등과 분란이 발생하였지만 서부 지역 몽골 사람들의 제안으로 1940년에 열린 몽골인민공화국 제8차 국가대회의에서 그 지역에 새 아이막을 세우자고 결정하였다. 그리고 아이막 인민당위원회 회의에서 새 아이막의 이름을 '바양 울기'라고 정하고, 아이막 도청 소재지를 호브드 강가에 있는 울기라는 지역에 두기로 하였다. 이러한 과정을 통해 몽골 국민이 된 카자흐족은 현재 몽골 총인구의 3.86%(2010년 통계)를 차지하고 있다.

한 가족이 된 몽골족과 카자흐족은 행복과 고통을 함께 겪으며 살아 왔다. 예를 들면, 1930년대 몽골 전국에서 진행된 대규모 학살에 카자흐족도 피해를 입었다. 이러한 학살에 대해 사그사이 솜 카자흐 주민 오바크 씨족 오로스의 솔탕바이가 할아버지는 자신이 겪은 역사의 한 장면을 다음과 같이 말해 주었다. 그의 할아버지 노르차는 자기 아들에게 오로스(러시아라는 뜻)라는 이름을 지어 주었는데, 그러자 그를 체포하러 왔다고 한다. 체포 이유는 러시아 백군白軍을 지지하는 의미의 이름을 자기 아들에게 지어 주었다는 것 때문이었다.

그러자 할아버지가 백군이 아니라 적군赤軍을 지지하여 아들에게 이런 이름을 지어준 것이다 라고 밝히자 이런 유치한 아이에게 위대한 적군의 이름을 지어 준 것은 적군을 멸시하는 행동이니 체포하라고 하였다. 그러나 그를 체포하러 올 때마다 노르차가 사경을 헤맬 정도로 아픈 상태였기에 체포하러 세 차례나 온 사람들도 어쩔 수 없이 되돌아가곤 하였다고 한다. 이렇게 해서 학살 시기가 끝이 나고 정치상황이 안정되자 노르차의 몸도 회복되어 좋아졌을 뿐만 아니라, 90살까지 장수하여 1970년대 초에 사망하였다고 한다.

카자흐 사람들에게 부족의 상징처럼 전해 내려온 문화 가운데 하나는 고대 몽골족에서 유래된 독수리 사냥이다. 문헌에 의하면 고대 몽골족의 새 사냥(매 사냥) 풍속이 다른 유목 부족들에게 영향을 미쳤고, 나아가 현대 카자흐 부족이 독수리를 훈련시켜 여우, 토끼 사냥을 하는 풍습이 남았다는 것이다.

독수리를 훈련시키기 위해서는 새끼 독수리를 사용하며, 이때 암컷 새끼만 사용한다. 암컷 새끼는 수컷보다 몸집이 크고 힘이 세기 때문이다. 카자흐 남자가 새끼 독수리를 가져 오면 집안이 모두 기쁜 마음으로 맞이하고 집 안주인이 새끼 독수리 머리에 부엉이 깃을 꽂아 준다. 이것은 독수리의 적인 부엉이로부터 보호해 주는 풍습이다.

만일 새끼 독수리를 가져 왔을 때 아이가 태어나면 아이의 이름을 따서 독수리 이름을 짓기도 한다. 대부분 사냥독수리는 '아가 이기 – 흰 발자국', '카라 키란 – 검은 세력자' 등으로 명명한다. 그 다음 새끼 독수리를 가축의 말린 배설물로 비벼 독수리의 냄새를 제거하며, 그런 다음 전통적인 방법으로 훈련시키기 시작한다. 훌륭한 사냥독수리의 몸값은 경주마와 수낙타만큼 비싸지만, 카자흐인들은 자기 사냥독수리를 파는 것은 금한다. 이것은 사냥을 담당하는 신이 앞으로 보살펴주지 않거나 자산이 줄어든다는 믿음과 관련이 있다. 사실 훌륭한 사냥독수리를 가진 카자흐 가정은 독수리로 여우, 늑대 등을 사냥하여 가죽을 팔아 상당한 수입이 생기며, 이것은 집안 살림에 크게 도움이 된다.

매년 10월 초 카자흐 사람들은 '독수리 축제'를 여는데, 이 때 독수리 훈련 방법과 사냥 모습 등을 시연해 준다. 높은 산으로 훈련시킨 독수리를 들고 가서 눈가리기를 풀면 산기슭에 달리는 여우, 토끼, 새끼 늑대 등을 사냥한다. 어떤 집은 독수리를 훈련시키기 위해 포획감이 될 동물을 집에서 키우기도 한다. 독수리는 25~30년 살며 늙어 사냥을 못하게 된 사냥독수리는 주인이 먹을 것과 함께 산으로 데리고 가 풀어 준다.

몽골족과 카자흐족의 생활 양식은 일반적으로 서로 유사하지만 차이가 있으며 이것은 종교와 관련된 것이다. 카자흐 사람들은 밥을 먹기 전에 반드시 알라 신에게 기도를 하는 반면, 오량하이족과 더르버드족은 밥을 먹은 후에 '(내 몸에) 보약이 되어라'라고 축원을 한다. 또한 카자흐족은 라마단 의식이 강하게 보존되어 이 시기의 낮에는 금식을 하고 해가 진 다음 밥을 먹으며 규율을 지킨다. 또한 다른 회교인들과 같이 몽골의 카자흐족은 돼지고기를 먹지 않는데, 그 이유는 돼지가 더러운 동물이기 때문이라고 설명한다. 그러나 어떤 학자들은 회교도들이 돼지고기를 안 먹는 이유는 옛날에 돼지를 숭배했었기 때문일 것으로 보고 있다.

몽골족과 카자흐족의 생활방식과 관련된 또 한 가지 차이는 양 잡는 방식이다. 몽골족은 양을 잡을 때 배를 갈라 피를 흘리지 않고 잡는 반면, 카자흐족은 동맥을 잘라 피를 뽑고 잡는다. 또한 카자흐족은 양고기를 해체할 때 허리 부분의 갈비 6개는 남겨 함께 해체하고, 꼬리의 양쪽 부분 역시 뒷다리와 함께 해체하며 꼬리뼈를 간과 함께 구워 먹는다. 연구자들은 서몽골 지역을 옛 카자흐족의 문화가 고스란히 잘 보존되어 온 세계 유일한 지역으로 간주하고 있다.

몽골 알타이 바양 울기의 민속지 民俗誌[1]

장준희 (한양대학교 세계지역문화연구소)

1990년대 중반 이후 한국 학계에서는 과거 접근조차 금지되었던 알타이 지역에 대한 조사연구를 활발히 진행시키고 있다. 특히 알타이 지역 선사문화에 대한 고고학적 조사와 연구는 괄목할 만한 성과를 거두었다고 평가할 수 있다. 언어학적 조사 역시 사멸 위기에 처한 알타이 지역 언어들의 채록 작업과 분석으로 한국어와의 비교연구가 가능하게 되었다.

광대한 알타이는 몽골, 러시아, 카자흐스탄, 중국에 걸쳐 뻗어있는 산맥으로 기원전과 기원전후에 동일하거나 유사한 문화 집단들이 생활하던 터전이었다. 따라서 알타이 산맥과 그 인근 지역에 대한 연구는 한민족 기원 연구에서 빼놓을 수 없는 연구대상이며, 오늘날 유라시아 지역 특히 중앙유라시아 지역의 문화적 패턴이나 기원, 비교연구에서 제일 중요한 지역이다.

필자는 아직까지 시도되지 않은 '민속문화'를 키워드로 조사연구를 진행하였다. 그동안 진행되어 온 고고학적 연구의 한계와 근본적 문제를 해결하기 위한 기본적 비교자료와 민족지적 자료를 확보하기 위해서는 민속문화에 대한 조사와 연구가 병행되어야 하기 때문이다. 일부 지역에 대한 심도있는 국내외 학계의 연구에도 불구하고 고고학적 유물과 유적, 유구로는 설명하지 못한 많은 난제들이 있다. 가령 동일한 몽골 알타이 지역 내에서도 고고학적 발굴로는 설명되지 않는 상이한 유물들이 다수 출토되었는데, 이에 대한 해석의 실마리는 민속학적 연구 성과에 크게 좌우될 것으로 여겨진다.

필자는 몽골 알타이 지역의 민속문화를 중심으로 조사하여 알타이 문명의

---

1 민속지는 조사자가 직접 현장에서 민속문화 관련 사항들을 조사하여 기술한 것이다.

실체에 보다 가까이 접근할 수 있는 다양하고 풍부한 성과를 도출해 낼 수 있었다. 현지 민속 가운데 전승되는 물질문명과 정신문화는 알타이 지역 거주민들의 과거와 현재를 가늠할 수 있는 중요한 비교연구 자료로서, 이를 수집하여 한국문화와의 친연성을 밝힐 수 있도록 하였다.

바양 울기 아이막 유목민들의 민속

일상

바양 울기Баян Өлгий에서 유목은 대체로 5월 초에 시작된다. 유목민에게는 전통적인 목초지가 있다. 여름에는 가축을 이끌고 보다 시원한 곳이자 목초지가 있는 곳으로 들어간다. 가능하면 풍부한 풀과 시원하고 상쾌한 공기가 있는 산속으로 깊숙이 들어간다. 한 번 들어가면 유목이 끝나기 전까지는 나오기 힘든 곳이 많다.

목초지는 국유지로, 자신들이 오랫동안 유목을 하던 곳에서 해마다 계절이 바뀔 때마다 이동하면서 유목을 한다. 유목은 10월 말까지 진행된다. 10월 말이면 벌써 바양 울기 곳곳에 추위가 드리운 상태다. 추위로 인해 더 이상 목초지에서 버티기는 힘들다. 살을 에는 듯한 추위가 아니라 생존 자체를 위협하는 추위다.

유목생활에는 많은 친인척들이 직·간접적으로 참여한다. 비록 본인과 직계가족은 유목생활을 하지 않는다 하더라도 일가친인척 혹은 형제들 중 누군가는 유목생활을 영위하고 있다. 이번 조사에서 유목생활과 친인척과의 가족관계를 잘 보여주는 사례들을 여러 차례 확인하였다.

보양트Буянт에서 만난 '호인 뱜바자프Хохийн Бямбажав Оолог(1978년생)'는 보양트가 고향이지만, 현재 울란바타르에 거주한다. 여름이면 보양트에서 지내는데 부모형제가 모두 이곳에 살고 있다. 여름에는 이곳이 울란바타르보다 더 시원하기도 하고, 라마교 승려로서 보양트에 라마 사원을 건립하고 있기 때문이기도 하다.

호인의 말에 의하면, 울란바타르에 거주하는 지방출신 몽골인(민족 불문)들은 여름 동안 고향에서 지내는 경향이 있다. 물론 집이 있거나, 부모형제들 중 한 명이 고향에 살고 있기 때문에 가능하다고 한다. 아직도 유목적 경향이나 이동을 하는 생활 패턴이 남아 있기 때문이기도 하다. 직장인이라 휴가 기간이 아무리 짧더라도 고향에서 여름 휴가를 보낸다.

여름 한철을 보낸다고 하더라도 별도의 집을 갖고 있는 것은 아니다. 몽골인들은 흙벽돌 집에 살더라도 집 주변에는 반드시 '게르Ger'를 한 채 이상씩 가지고 있다. 이곳이 여름에 귀향한 이들이 거주하는 공간이다. 유목을 위해 들살이를 떠나는 유목민들 역시 별반 다른 것은 없다.

알타이 데브세그Дэвсэг 지역 유목지에는 전부 오량하이Уриаихай계 몽골인들이 유목하고 있다. 오량하이 몽골인 게르에서 아침에 제일 먼저 일어나는 사람은 여성들이다. 조사자가 묵었던 게르에서도 손녀 '엥흐체체그(1990년생, 미혼)'가 제일 먼저 일어났다. 일어나 옷매무새를 고치고 난로에 불을 지피고 쇠똥 연료를 넣자. 금새 게르 안은 온기가 돌기 시작했다. 난로 위에는 수태차 Суутейцаи를 끓이는 손녀의 손놀림이 분주하다. 아침 식사는 빵과 수태차가 전부다. 따뜻한 수태차를 한 그릇 마시면 온몸이 따뜻해지며 힘이 솟는다.

지역과 공간에 따라 다르지만, 유목지에서는 아침 6시가 조금 넘으면 기상한다. 산속 깊은 곳에서 자는 잠은 비록 한여름 추위와 위생과의 싸움이지만, 아침에 일어날 때는 개운하다. 저절로 눈이 뜨이고 단잠을 잔 기분은 상쾌하

그림 1 아침에 먹을 물을 길러 오는 유목민 여성들

기 그지없다. 자연과 호흡하며 살아가는 유목민에게는 매력적인 환경이다.

아침 식사를 준비해 준 손녀는 아침식사를 했는지 어떤지 모르겠다. 몽골에서는 남녀가 함께 좀처럼 식사를 하거나 술을 마시지 않는다. 먼저 남자들끼리 먹고, 여자들은 주변에서 남자들이 식사를 마치도록 도와준다. 이처럼 유목민들의 생활은 남녀 유별의 분담체계가 성립되어 있어 자신들이 무엇을 해야 하는지를 잘 알고 협력한다.

손녀는 밖으로 나와 야크, 소 등의 젖을 짜는 것으로 하루 일과를 시작한다. 이웃 게르에 있던 '엥흐체체그' 엄마도 밖으로의 나와 야크젖을 짤 준비를 한다. 야크만 50마리를 키우고 있다.

야크나 소 그리고 말의 젖을 짜는 방법은 양이나 염소의 젖을 짜는 것과는 다르다. 야크젖을 짤 때는 먼저 새끼에게 젖을 물린 다음 어느 정도 먹었다 싶으면 새끼를 떼어내고 젖을 짜야 한다. 이때 새끼들은 한 줄로 길게 친 줄에 매

달아 둔다. 젖을 짤 때는 엄지를 비롯해 세 손가락만을 가지고 짠다.

아침저녁으로 하루 두 번 젖을 짠다. 젖을 짜는 것은 여성들의 몫이며, 이를 위해 어미 소를 모으는 것과 새끼를 매어논 줄에서 풀어 어미에게 데려오는 것은 여성들과 남자 아이들의 몫이다.

아침이든 저녁이든 처녀가 젖을 짤 때에는 이웃 총각들이 와서 도와주기도 한다. 주로 저녁에 젖을 짤 때 총각이 많이 도와주는데, 어미 야크를 처녀에게 몰아주고 그 새끼를

그림 2 쇠똥을 수거하는 유목민 남성

데려다 주곤 한다. 그러면서 처녀와 총각은 교제를 시작하게 된다. 처녀가 총각과 사귈 마음이 있어야 함은 물론이다. 이렇게 젖짜는 것을 도와주면서 결혼에 이르기도 한다. 몽골 처녀총각들이 젖을 짠다는 것은 연애의 시간을 갖게 되는 셈이다.

게르의 최고 연장자인 '반디 리셰에 차간토그탄Банди Лищээ Цагаантугтан (1933년생)' 할아버지의 손자들은 여름이면 전통적인 자신들의 유목지에 와서 게르에서 유목 일을 도와주면서 여름을 난다. 방학이 끝나갈 무렵 도시의 부모집으로 되돌아 간다. 도시에서 생활하더라도 할아버지 혹은 외할아버지의 유목지에 와서 여름을 보낸다. 어떤 경우는 먼 친인척의 유목지에 와서 일손을 도우며 여름을 나기도 한다.

목초지는 오랫동안 유목을 해 오던 사람들에게는 여름 고향이다. 해마다

그림 3 야크젖을 짜는 유목민 여성   그림 4 야크 건강을 살피는 유목민 남성

전통적으로 정해진 자신들의 목초지로 돌아다니면서 살아가는 방식을 수백 년간 고수해온 유목민들이다. 유목하는 동안에는 그 해 겨울에 필요한 모든 것을 준비하고 우유나 고기, 가죽 등을 팔아 경제적 이득도 챙긴다. 이럴 때면 항상 가까운 친인척의 어린 자녀들은 단조롭고 따분할 것 같은 유목생활에 기꺼이 동참한다.

쳉겔Ценгел 오스토그Остуг 유목지에서 만난 투바인 가족은 연장자 여성이 제일 먼저 일어나 지붕 덮개를 열고 게르 주변을 열어 젖혔다. 그리고 그 날 필요한 물을 길어다 놓고, 불을 지펴 수태차를 준비한다. 어린 딸은 일어나자마자 가축을 보러 나가면서 생리현상도 해결한다. 말, 염소, 양, 소, 야크 등 가축들이 너무 멀리 가지는 않았는지, 무리에서 이탈한 놈은 없는지 등을 살핀다.

오스토그 투바인 게르 세 채에는 세 가족이 친인척 관계로 연결되어 있었다. 염소, 야크, 말 등 약 500마리 정도의 가축을 목초지에서 키우는 그들은 함께 유목을 하지만, 일정한 분업 형태를 갖고 있다.

남자아이들은 말과 망아지의 상태를 점검한다. 연장자 여성은 어린 여자

그림 5 염소젖을 짜는 광경

아이 및 젊은 아가씨들과 함께 염소젖을 짜기 시작한다. 남자아이들은 양이나 염소젖 짜는 것을 도와 주기도 한다. 여성들과 어린이들은 가축을 확인하고 염소젖 짜는 것으로 하루 일과를 시작한다. 비교적 늦은 시간에 일어난 남자들은 따뜻해진 게르에 모여 앉아 수태차와 빵류를 먹는다.

염소젖을 짠 여자들은 유제품을 만드는 일을 시작한다. 그리고 각종 집안일을 하고 저녁에 한 차

그림 6 염소젖을 짜는 유목민 아가씨

례 염소젖을 짜면, 하루 일과가 끝난다. 남녀 아이들은 인근 산으로 열매를 따러 가거나 남자들을 따라 사냥을 가기도 한다. 게르를 따뜻하게 할 땔감을 구하러 가기도 하고, 쇠똥을 모으거나 모은 쇠똥이 잘 말라가는 지 관리를 한다. 남자들은 염소를 잡거나 말발굽을 손질하고, 말의 건강상태를 점검하기도 하면서 시간을 보낸다.

식생활

유목민의 식생활은 단조롭다. 유목생활에서 확보할 수 있는 식재료 중심으로 식단을 꾸리기 때문이다. 이러한 경향은 바양 울기의 유목민도 예외는 아니다. 단, 정착민의 식자재인 밀가루는 유목을 통해 획득한 육류나 유제품류와 물물교환을 하거나 구매하여 사용한다. 아무리 유목민이라 하더라도 일상생활에서 제일 많이 섭취하게 되는 것은 밀가루 제품이다. 빵이 주식에 가까우며, 육류는 특별한 날 먹게 되는 특식이라 할 수 있다.

유목민의 게르에는 항상 수태차와 튀긴 빵 '보오르초그Боорцог', 치즈, 버터 등이 준비되어 있다. 바양 울기 유목민들이 거의 주식으로 먹는 음식은 빵류인 '보오르초그'다. 작은 밀가루 과자 같은 것으로, 기름에 튀긴 빵이다.

게르의 중앙에는 난방과 음식을 해 먹을 수 있는 화덕이 놓여있고, 그 옆에는 식탁이 구비되어 있다. 식탁 위에는 구운 보오르초그, 치즈, 버터, 사탕 등

그림 7 유목민 게르 식탁의 기본 음식들

이 놓여있다. 손님이 방문하거나 식사시간이 되면 수태차는 따뜻하게 데워서 마시고, 튀긴 빵과 치즈는 있는 그대로 먹는다. 아침은 간단하게 먹는데, 반드시 수태차와 치즈를 먹는다.

유목민의 이동천막에서는 여성이 손님으로 온 경우라고 하더라도 남자들과는 대체로 합석을 하지 않는다. 여성은 여성끼리 음식을 먹게 되는데, 유목민 사회가 가부장제 사회라는 것을 알 수 있다. 남성중심 사회의 모습은 식생활에서도 그대로 나타나고 있다.

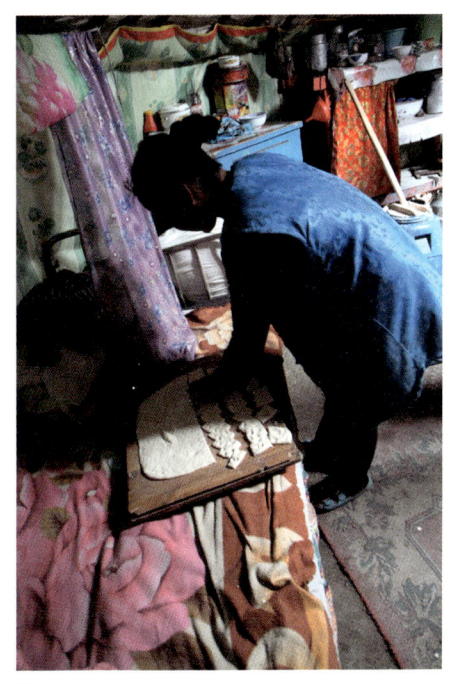

그림 8 보오르초그를 만드는 유목민 여성

유목민에게 식수문제는 아주 중요하다. 식수원을 어떻게 확보하고 관리할 것인가 하는 문제는 게르를 어디에 설치할 것인가를 결정하는 중요한 기준이 된다. 우물을 파서 식수를 확보하는 경우는 드물고, 대개 게르 주변에 작은 개울이나 개천에서 식수를 확보한다. 식수 보호 차원에서 별도의 화장실을 갖고 있지 않지만, 대소변을 보거나 처리할 때는 식수원과는 멀리 떨어진 곳으로 가거나 그 반대방향에서 일을 본다.

또한 게르의 위치를 결정짓는 것도 식수원과 관련이 있어 가족이 아닌 다음에는 적당한 거리를 두고 게르를 설치한다. 물론 개천을 식수원으로 사용할 경우 위쪽 게르에서 사용한 물이 아래쪽 게르까지 흘러내려 갈 때 정화될 수 있을 만큼의 거리를 둔다.

수태차는 양젖이나 야크젖에 엽차를 우려낸 것으로 몽골에서 가장 많이 마시는 차다. 젖(우유)이 들어있기 때문에 마시면 배가 빨리 부르고 소화가 잘 되는 특징이 있다. 그래서 몽골인들은 수시로 수태차를 마신다. 배가 고프든 부르든, 날씨가 춥든 덥든 언제나 마신다.

오량하이계 몽골어로 '찬스막Цансмаг'이란 음식이 있다. 감자, 당근, 양고기를 넣고 끓인 음식이다. 몽골어로는 '차나산 마흐Чанасан мах'라고 한다. 또 카자흐어로 '호르다그Хуурдаг'라는 음식도 자주 해 먹는다. 양고기 국에 면을 넣어 먹는 음식이다. 오량하이계 몽골어로는 '호라이 보다Хуурай Будаа'라고 한다.

다진 고기로 속을 채운 '보오즈Бууз'도 있다. 양고기나 쇠고기 혹은 말고기를 감자, 당근과 함께 요리한 '초이방Цуйван'도 자주 해 먹는다. 특히 잔칫날이나 경사스런 날에 많이 해 먹는 음식이다. 양고기와 쇠고기는 자주 끓여 먹지만, 말고기는 자주 먹지 않는다. 소고기 국물이나 양고기 국물에 밀가루를 넣어 끓인 '반탕Бантан'을 먹기도 한다.

바양 울기 유목민 음식 중에는 중앙아시아의 플로프와 비슷한 음식으로 '보다태 호르가Будаатай хуурга'가 있다. 쌀을 볶고 찐 것에 고기와 마늘을 조금 넣어 볶은 것이다. 또 '빈Бин'이라는 중앙아시아의 '난'과 비슷한 빵도 해 먹는다. 다만 빈은 솥에서 만든다. 그리고 감자와 고기를 썰어 넣고 약간의 고춧가루, 마늘로 양념을 해 볶은 '툼스태 호르가Томстай хуурга'는 카자흐인들이 즐기는 음식이다.

바양 울기 아이막의 유목민들은 양, 소, 야크의 젖을 활용해 여성들이 직접 유제품을 만든다. 유제품을 만드는 일은 전부 여성들의 몫이다. 식생활에서 여성과 남성의 역할이 나누어져 있는데, 남성들은 기껏해야 몽골 보드카를 만들거나, 아이락Айраг；馬乳酒, 버터 등을 만들 때 휘저어 주는 보조 역할을 할 뿐이다.

서구의 치즈를 몽골 유목민들은 '아아르츠Аарц'라고 하는데, 러시아어로 응고된 우유 덩어리라는 뜻의 '트보로그Творог'를 만들어 먹는다. 아아르츠를 끓여서 응고를 시키면 완성된다. 또 서구의 버터에 해당하는 노란색의 '으름Өрөм'을 먹는데, 게르의 식탁 위에 항상 있는 음식이다. 카자흐 민족은 수태차에 으름을 넣어 기름지게 하여 마시기도 한다.

그림 9 아아르츠를 만드는 모습

아아르츠라는 치즈를 좀 더 가공하면 '아롤Ааруул'이 된다. 카자흐어 '쿠루드Куруд'에 해당하는데, 오랫동안 휘저어 어느 정도 발효가 되면 포대 같은 곳에 담아 말린 후 응고된 것을 실이나 나무 등으로 잘라서 말린다.

유제품은 대부분 같은 재료를 활용해 만들지만, 어떻게 만드느냐에 따라 완성된 제품의 맛과 이름이 달라진다. 즉 각종 젖을 얼마간 어떻게 휘젓고 건조시키느냐에 따라 아롤이 되기도 하고, 아아르츠, 으름, 배슬라크Бяслаг, 샤하흐Шахах가 되기도 한다.

유제품을 담아 두는 용기는 양의 허파를 사용하는데, '구제에Гүзээ'라고 한다. 아아르츠를 만들 때 사용하는 포대는 '슈우흐Шүүх'라고 부른다.

바양 울기 아이막의 유목민이 최고의 음료로 간주하는 것은 아이락Айраг이다. 러시아어로 '쿠미스'이다. 말젖을 오랫동안 발효시켜 만든 마유주馬乳酒

그림 10 아롤을 건조시켜 자르는 광경

'쿠미스'는 영양음료이자 강장식품으로 거의 매일 마시고 있다. 그들은 쿠미스로 결핵이나 질병을 치유할 수 있다고 생각한다. 특히 남성들은 쿠미스를 자주 마셔 남자로서의 능력을 향상 시킬 수 있다고 믿는다. 그리하여 남자 손님이 찾아오면 쿠미스를 대접하여 남성다움을 서로 나눌 뿐 아니라, 손님에 대한 예를 최대한 다하려는 것으로 생각한다. 또한 요구르트의 일종인 '타락 Tapar'도 만들어 마신다. 타락을 다시 오랫동안 끓이고 휘저으면, 아이르츠나 몽골 보드카를 만들 수 있다.

말젖을 짜는 방법은 소나 야크 등의 젖을 짜는 것과 같다. 뒷다리를 묶은 다음 망아지에게 충분히 어미젖을 먹게 한 다음 망아지를 떼어내고 젖을 짠다. 말은 출산시기가 여름이기 때문에 여름에 새끼를 낳은 암컷 말을 상대로 말젖을 짜게 된다. 말젖 역시 아침 저녁 하루에 두 번씩 짠다.

차간노르Цагааннуур 지역 조사를 가면서 카자흐인 '바카트 칼람바히 사켄

Бакат Каламбахи Сакен(1979년생)'의 게르에 들렀다. 그는 부인과 2남 2녀의 자녀와 함께 생활하는 유목민이다. 그는 양 한 마리를 잡아 내장은 여자들에게 주어 손질하게 하였다. 살점은 뼈와 함께 그대로 유르타 내부 입구 좌우측에 걸어두었다. 그리고 먹지 않는 내장은 개에게 주고, 나머지는 손질을 하였다. 그는 능수능란한 솜씨로 금새 양 한 마리를 부위별로 처리하여 양 간을 솥에 데쳐서 불청객인 우리를 대접하였다. 수태차, 빵과 더불어 살짝 익힌 양 간을 맛볼 수 있었다.

그림 11 마유주 아이락을 만드는 모습

가축을 도살하는 것은 남자의 몫이지만, 가축의 내장을 손질하고 이를 요리하는 것은 남녀가 명확히 구분된 것은 아니다. 고기 부위는 남자들이 조리에서부터 먹는 것까지 맡고, 내장은 여성들이 조리해서 먹는 것까지 맡고 있었다.

발효된 말젖 쿠미스를 증류해 만든 것이 몽골 보드카다. 몽골 보드카는 통상 16~25도 사이의 알코올 수치를 가진다. 언제부터 몽골인들이 술을 마시기 시작했는지는 모르지만, 오늘날 몽골인들은 보드카를 상당히 즐긴다. 이번 조사를 하는 동안 술을 마시지 않은 날을 손으로 꼽을 정도로 몽골 보드카 대접을 받았다. 알코올 도수가 그리 높지는 않지만, 몽골 보드카는 비교적 투명한 색상에 맛이나 향은 없는 것이 특징이다.

이번 조사 과정에서 조사자는 돼지를 사육하는 것은 보지 못했다. 돼지는 사육하지도, 시장 등에서 거래하지도 않고 있었다. 그러니 먹을 기회도 없고, 먹지도 않고 있었다. 이는 바양 울기 아이막 전체에 해당한다고 한다. 바양 울기 아이막에 이슬람교를 신앙하는 무슬림 카자흐인들이 많이 살기 때문에 돼지고기를 먹지 않는 것은 아니었다. 종교적인 문제보다 유목이라는 환경에서 양이나 소, 야크 등에 비해 효용성이 없기 때문이다. 돼지는 잔뜩 먹지만 육류 이외에 인간에게 제공하는 것이 없다. 노동력도 제공하지 못하고, 부산물을 제공하는 것도 아니다. 더구나 목초지를 파헤쳐 피폐하게 만들기 때문에 돼지 사육을 하지 않고 있었다.

쳉겔 솜에서는 양, 염소, 소, 야크 등을 기르고 있었으며 순록은 없었다. 바양 울기 아이막에서 순록을 치는 곳은 없다고 한다. 호브드 아이막이나 이웃한 아이막으로 가야 볼 수 있다고 한다.

원래 몽골인들은 여름철에는 고기를 먹지 않고 유제품만 먹는다고 한다. 그러다 비교적 보관상의 어려움이 덜한 양고기를 먹었다. 소나 야크를 잡게 되면 양이 많아 보관하기가 어렵고, 이내 상해 버리기 때문이다. 옛날에는 지금보다 유목생활을 하기가 어렵던 시절이었기 때문에 양조차 쉽게 잡아 먹을 수 없었다. 한파를 이겨내기 위해서는 여름에 먹을 수 있는 유제품만으로 버텨내고 겨울을 이겨낼 준비를 해야 했다. 기술발달로 냉장고가 도입되어 쇠고기를 여름에도 먹을 수 있게 되었다. 그래도 아직은 유목생활하는 사람들이 여름철에는 양 이외의 대형 초식동물들은 쉽게 잡아 먹지 않는다. 이번 조사에서도 양을 잡는 것은 여러 차례 목격했으나, 소나 야크를 도살하는 장면은 보지 못했다. 양도 잡게 되면 고기를 부위별로 해체해 간이나 내장은 그 자리에서 요리해 먹고, 나머지 육류는 게르 안에 걸어 건조시키는 방식으로 보관하고 있었다.

식생활에서 오량하이계 몽골인, 투바인, 카자흐인 등의 사이에 약간씩 다

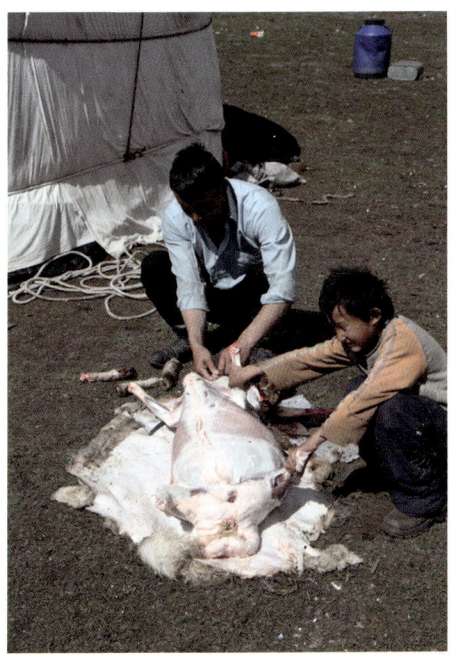 

그림 12 양을 잡는 카자흐인   그림 13 양을 잡아 건조시키러 유르타 안으로 옮기는 모습

른 차이를 보여 주었다. 오량하이계 몽골인과 투바인은 닮은 것 같으면서도 다른 식생활을 보여 주었는데, 투바인은 카자흐인의 식생활이나 러시아인과 닮은 식문화를 많이 갖고 있었다. 또 카자흐인은 자신들의 고유한 음식문화를 그대로 갖고 있었으나, 카자흐스탄의 카자흐인 음식문화와 공통되는 점들도 발견되었다.

주거문화

보양트 솜에서 알타이로 들어가면서 몽골인 할머니를 태워다 주었다. 그러던 중 할머니의 손자 집을 보면서 바양 울기 사람들의 주거문화를 엿볼 수 있었

그림 14 오량하이계 몽골 게르

다. 그들은 마을이라는 정주 공간에 살고 있으나 집 안 마당에는 게르를 설치해 놓았다. 여름에는 게르에 주로 거주하는데, 바닥은 풀밭 그대로다. 그러나 텔레비전을 보고 또 침대에서 잠을 잘 수 있도록 했다. 몽골인들은 기본적으로 게르나 집 안 내부로 들어갈 때 신발은 벗지 않으나 장갑은 벗어야 한다.

　게르는 남녀의 공간이 분할되어 있다. 게르 입구로 들어서자마자 우측은 여자, 좌측은 남자의 공간이다. 정면 중앙은 남자 연장자의 자리다. 다만 남성 부재시 행사, 의식의 주재자나 대리인은 여성이라도 남자들 편에 앉는다. 지위와 역할이 남성(性)을 우선시 하는 경우라 할 수 있다.

　남녀의 공간이 구분되어 있기 때문에 좌측은 남성과 관련된 생활도구들이 놓여있고, 우측은 여성과 관련된 식기, 음식 등 주방도구들이 배치되어 있다.

그림 15 오량하이계 몽골 게르 내부

중앙에는 남녀의 공간을 나누는 서랍장이나 가족사진, 라마교 관련 책 등이 놓여져 있다. 하지만 양을 잡아 고기를 건조시키기 위해 양측에 걸어두는 예외적인 경우도 있다.

몽골인은 천막집을 '게르'라고 하고, 카자흐인은 '유르트(혹은 '유르타)[2]'라고 한다. 유르타나 게르는 유목민에게 여름집에 해당한다. 겨울집은 난방에 가장 많은 신경을 써서 흙벽돌을 사용해 지은 정주민의 집과 같은 구조다. 겨울에는 흙집이자 정착민의 거주 공간에서 사는데, 유목을 위해 떠날 때에는 문을 걸어 잠그고 떠난다. 유목을 떠나면 문을 걸어 잠그고 떠나기 때문에 여

---

2   카자흐인들은 '유르트(유르타)'란 말을 더 선호하여 카자흐인의 게르를 표현할 때는 '유르타'로 통일하여 표기하였다.

그림 16 투바인 게르

름에는 빈집들이 많다. 가축이며 필요한 세간도구들을 다 갖고 가기 때문에 겨울집에 특별히 남겨놓는 물건은 없다.

바양 울기 사람들의 겨울 거주 공간에는 부엌이 별도로 존재하지 않고 방과 거실만 있다. 방에는 통상 침대가 놓여져 잠을 잘 수 있도록 하였지만, 원래 좌식坐食문화를 가지고 있기에 바닥에 그대로 이불을 깔고 잠을 잔다.

몽골인들은 게르에서 잘 때, 거의 신앙이 되다시피한 믿음이 있다. 반드시 게르 중앙 라마교 사진이 있는 곳을 향해 머리를 두어야 한다. 설령 중앙방향이 지대가 낮거나 약간 기울게 게르가 설치되어 있더라도 잠을 잘 때에는 반드시 머리를 중앙의 라마교 사진 등 제단이 있는 곳을 향해 두어야 한다.

눈이 많이 오는 바양 울기 아이막의 기후 환경에도 불구하고 겨울집에는 적당히 기울어진 지붕이 없다. 지붕은 평평하며 그 위에 풀이 자란다. 눈이

그림 17 투바인 게르 내부

많이 와 지붕을 덮으면 눈을 치워야 한다. 그렇지 않으면 지붕이 무너질 수 있다. 지붕에는 돌을 올려 놓고 쉽게 올라갈 수 있도록 해 두었다.

마을의 흙벽돌 집을 겨울집으로 사용하고, 게르를 여름집으로 사용하는 것은 바양 울기 아이막 주거문화의 특징이다. 유목생활을 더는 하지 않는다고 하더라도 정주한 집에는 게르를 한 채씩 꼭 설치해 여름 동안에는 게르에서 생활한다.

또한 정주한 집에는 공간 분할이 분명히 이루어져 있지만, 남녀구획 혹은 성별 전통공간이 게르처럼 정교하게 나뉘어져 있진 않다. 다만 정주공간에서는 세대별 공간 분할이 이루어지고 있었다. 즉 부모자녀의 관계로 공간을 점유하고 활용한다.

이러한 점은 쳉겔 오스토그Остуг의 투바 유목민에게서도 확인할 수 있었다. 아이들은 한 게르에 옹기종기 누워 침대도 없는 게르 안 풀밭에 이불을 덮고 잠을 잔다. 물론 요같은 것을 깔아 바닥의 찬 기운이 올라오지 못하도록 한다.

몽골족과 투바족의 게르는 겉모습과 내부구조 등에서 거의 차이가 없다. 생활방식도 여러 측면에서 닮았다. 본인들이 직접 자신의 민족을 언급하지 않으면 게르를 통해 민족을 구분하기 어렵다. 두 민족 사이의 친연성이 거주공간을 통해 그대로 나타나 있다.

하지만 카자흐족의 거주공간은 몽골족과 투바족의 이동식 천막집과는 다르다. 물론 정주민의 집에는 큰 차이가 없다. 약간의 구조적 차이가 있을 뿐이다. 울타리 안에 드넓은 마당, 지붕없는 구조, 화장실, 가축우리, 노천우리 등이 있다.

카자흐인의 벽돌집(혹은 나무집)에도 여름집으로 활용하는 유르타가 한 채는 반드시 있다. 유목을 하지 않는 경우에도 유르타를 하나씩 집 마당에 설치해 여름집으로 활용한다. 바양 울기 아이막 카자흐 사람들 역시 여름집과 겨울집이 나뉘어 있다.

카자흐인이라도 정착민이 많이 사는 쳉겔Ценгел 솜의 주거문화를 살펴보면, 거주환경을 한껏 활용했다는 것을 알 수 있다. 흙담을 쌓고 나무로 서까래를 만들어 그 위에 나무 판자를 나란히 덮고, 다시 그 위에 흙이나 나무, 돌판 등으로 비나 눈이 와도 스며들지 않도록 했다. 마당의 울타리 역시 나무를 반으로 갈라서 만들었다. 쳉겔은 뒤쪽으로 산이 있고, 그곳에 울창한 산림이 있어 나무로 만든 집과 울타리가 많다.

나무 사이에는 붉은 황토를 발라 틈새를 메웠다. 추위와 비바람을 피할 수 있고, 여름에는 비교적 시원하게 만들어 준다. 쳉겔 지역 주거건축의 특징은 붉은 흙이 많이 생산되어 집건축에 많이 활용하고 있다. 쳉겔은 모든 가구들이 바둑판처럼 배치되어 집 앞뒤로, 혹은 좌우로 길이 있다. 한쪽 길 가에 나란히 위치한 집에는 유리창을 내어 창 밖을 통해 길을 오가는 사람들을 볼 수 있다.

쳉겔의 민족구성에서 월등히 많은 수를 차지하는 카자흐인들에게 유르타는 잠을 자거나 응접실, 손님을 위한 공간이며, 음식을 해 먹는 공간은 정주집이다. 카자흐인들의 정주집은 유르타의 규모나 내부 장식의 화려함만이 차이가 날 뿐이다. 경제적 형편이 좋은 집은 실내 장식을 잘 갖추어 놓았다.

유르타는 몽골의 게르와 많은 차이가 있다. 외관상으로도 그렇고, 내부 장식에서도 큰 차이가 난다. 외부에서 보면 한 눈에 몽골 게르와 카자흐 유르타의 차이를 확연히 구별할 수 있다. 우선 카자흐인의 유르타가 몽골인의 게르보다 규모나 높이에서 더 크고 높다. 카자흐인의 유르타는 더 견고하고 따뜻하게 외부를 양털가죽, 소가죽으로 덮었으며, 전통문양의 시르닥 휘장으로 치장하여 화려하다. 유르타 안에는 기둥이 없거나 중앙에 하나를 세워 보다 넓은 공간을 보여준다.

반면 몽골 게르는 규모도 작고 소박하다. 오랫동안 축적된 유목문화의 생활의 지혜가 카자흐 유르타 가운데 계승되고 있다. 그러나 몽골 게르에서는 그러한 유구한 전통이 보이지 않았다. 유목생활에 필요한 전통의 역사성이나 고유성이 몽골인의 것이란 증거를 찾아보기 어려웠다. 이처럼 두 민족의 이동식 주거를 비교해 보면, 카자흐 유르타가 몽골 게르보다 더 오랜 기원을 갖고 있지 않나 생각된다.

사그사이Сагсай에도 카자흐인들이 많이 살고 있다. 사그사이 '오악 솔만바이Уак Солманбай(1937년생)' 할아버지의 유르타는 친누나의 아들이 바양 울기 아이막 현역 국회의원인 집안답게 유르타 내부를 화려한 카자흐 전통문양인 '시르닥Сырдак'으로 치장을 하고, 심지어 이불 덮개에도 '소자니Суждани' 장

그림 18 카자흐인 유르타

그림 19 카자흐인 유르타 내부

식을 활용해 원색적인 색감으로 치장했다. 이러한 장식은 이불이나 베개, 심지어 침대에까지 적용하였다. 유르타 내부 벽면은 물론이다. 내부 장식에서 이불을 덮는 보자기는 카자흐 전통방식이다. 지금도 카자흐스탄의 카자흐인들은 장롱은 없지만, 이불을 보자기나 예쁜 수가 놓여있는 것으로 덮어 둔다. 그러한 전통이 바양 울기 아이막의 카자흐 유르타에도 그대로 적용되고 있다.

일부 카자흐 유르타에서는 몽골 방식을 차용한 것도 있다. 원래 카자흐 유르타 중앙에는 기둥이 없으나 몽골 게르에는 두 개의 나무 기둥이 있다. 게르의 규모나 천장의 높이가 카자흐 유르타에 비해 낮고 작은데 기둥이 있다는 것은 카자흐 유르타에 비해 몽골 게르가 허술하고 정교하지 않다는 증거가 된다. 한편 기둥 하나를 중앙에 둔 카자흐인 유르타가 많다는 것은 유목민 주거문화의 변화라고 할 수 있다.

카자흐인의 유르타와 몽골 게르의 주거문화 차이는 이들에게는 커다란 민족성의 차이일 뿐 아니라, 에스니시티Ethnicity의 또다른 발로라고 할 수 있다. 문화적 자부심과 긍지가 종교적 차이만큼이나 큼에도 몽골 알타이라는 동일 공간에서 조화를 이루며 살아가는 것은 이들 모두가 유목문화라는 자연과의 친화적인 관계 속에서 공존하는 공통적인 삶을 영위하기 때문이다.

민간신앙

보양트Буянт 솜의 경계에 이르자 현지 조사원들과 운전사는 사슴 동상이 있는 바위 근처에 차를 세우고, 보드카와 양고기가 그대로 붙어있는 뼈를 차려놓고 이번 조사지 방문을 하늘과 땅의 주인에게 고하는 의례를 했다. 하늘과 땅의 주인에게 우리가 이곳에 왔음을 알리는 것이다. 바양 울기의 모든 민족

그림 20 하늘에 고하는 의례

과 사람들이 그렇게 생각하고 있다. 마치 '오보Oboo', 즉 갈림길이나 고갯길 옆에 몽골인이 돌을 쌓아올린 구조물에 고하는 것과 같은 자연숭배의 민간신앙이다. 의례는 간단하다. 네 번째 손가락으로 보드카를 찍어 하늘을 향해 세 번 튕긴 다음 보드카를 마셔야 한다. 조금이라도 마시기만 하면 된다. 한 번에 꼭 다 마시거나 혹은 절반을 마실 필요는 없다. 의례적 행위에 초점이 맞추어져 있다. 하늘의 최고신 '하늘'에 알리며 무사안녕을 축원한다. 그리고 술잔에 보드카를 따른 다음 사슴 동상에 뿌리고, 그 주변에도 보드카를 한 잔씩 뿌린다. 그리고 나서 의례에 참가한 사람들은 보드카를 한 잔씩 받아 네 번째 손가락으로 하늘을 향해 살짝 세 번 뿌리고, 입을 살짝 대든지 술을 마신다.

안주는 준비한 삶은 양고기다. 양고기를 다 먹으면 남은 뼈다귀로 점을 치기도 한다. 뼈 사이의 엷은 판막을 손으로 쳐 부서지는 모양을 보고 점을 친다.

의례를 지내는 동안 카자흐인 운전수는 참가만 할 뿐 술을 마시지도, 의례에 동참하지도 않는다. 운전수이기에 술을 안 마시기도 하지만, 그는 사우디아라비아 성지聖地 메카를 다녀온 독실한 무슬림 '하지'이기 때문에 직업상 의례에 참가할 뿐 동참하지는 않은 것이다. 하지만 카자흐인들이 이슬람교를 새로운 종교로 받아들이기 전에는 몽골인들과 다를 바없는 유목생활을 하였으며 지리적으로 가까이 살았기 때문에

그림 21 하늘에 고하고 음복

민속문화 가운데 서로 닮은 점이 많다. 특히 민간의 전통이나 풍습은 이들이 오랫동안 공존과 협력할 수 있는 공통의 관심사가 되어왔다.

몽골의 광활한 자연환경과 혹독한 기후 속에서 생존하기 위해서는 자연에 의지하거나 자연의 변화를 지혜롭게 활용해야 한다. 그러기 위해서 두 가지를 다 갖추고 생존에 최우선 목적을 두고 삶을 영위하는 것이 유목민의 지혜다.

몽골에서 가장 잘 알려진 민간신앙은 '오보'에 대한 축원祝願 신앙이다. 일종의 기복祈福신앙이라 할 수 있다. 산 정상이나 길이 갈라지는 지점, 경계지역, 혹은 사고의 발생 위험이 높은 지역을 오고 갈 때마다 사람들은 돌을 쌓아 돌무지를 만들게 되었다. 돌무지에는 몽골인들의 염원이 담긴 청색, 붉은색 비단Хадаг들이 바람에 흔들거리며 날린다. 청색과 붉은색 비단은 하늘과 몽골인들을 연결하는 신성한 매개체가 된다.

바양 울기 아이막을 조사하면서 많은 오보를 마주쳤다. 그때마다 동행한

그림 22 바양 울기의 오보

　조사원들과 운전수는 차를 세워 오보 주위를 세 번 돌면서 돌을 던지며 소망이 이루어지기를 빌었다. 지금은 염원하는 것이 가족과 일신상의 문제, 성공 등으로 변화되었지만, 원래는 오보를 향해 한 해의 행운과 자연과의 조화, 생존, 건강 기원 등이 주된 소원이었다고 한다. 여기에 더하여 자신과 일행이 이 지역으로 들어감에 따라 하늘과 자연에 알리는 의미로 오보에 돌을 던졌다.

　오보는 몽골에서 몽골인과 투바인들이 신앙하지만, 혹독한 자연환경에 살아가는 유목민의 자연에 대한 외경과 목초지의 풍부함을 담아 발생한 자연신앙의 측면이 강하다. 이슬람교를 수용하였지만, 카자흐인들 역시 유목과 관련된 민간신앙이 전통으로 남아 있어 이슬람교 수용 이전에는 몽골인들처럼 다양한 자연신앙이 전승되었을 것으로 보인다. 여기서 종교와 민간신앙 간의 융합현상이 발생하여 불교, 이슬람교와 교류하며 종교민속으로 지속되고 있다.

몽골인의 민간신앙 중에 '호로그Xoopor' 신앙이 있다. 이는 자연신앙과는 달리 손님을 맞이하고 지인들과 인사하는 전통과 같은 신앙이다. 호로그 신앙을 통해 친선과 우애를 다지며, 적대적인 감정이나 원활하지 못한 관계가 청산된다고 생각한다.

집이나 잔치 등에 손님을 초대해 오게 되면, 향초가루를 코에 넣어 맡도록 한다. 모두가 하나씩 향수병을 허리에 차고 다닌다. 향수는 액체가 아닌 가루처럼 생긴 것으로, 이를 왼손 등에 조금 뿌리고 한쪽 콧구멍을 막고 남은 콧구멍으로 마시면 된다. 처음에 마시면 아주 매콤하고 강한 냄새가 난다.

몽골인들이 가루 향수를 맡는 것은 손님을 환대할 의사가 있고, 자신은 아무런 무기를 소지하지 않았으며 해코지할 의사가 없다는 뜻이다. 가루 향수는 남녀노소 모두가 허리에 차고 다니기 때문에 만나면 이 향수를 맡는 것으로 두 사람의 관계를 확인하고 우호적 관계가 시작되거나 재확인된다. 따라서 호로그 의례는 환영의 의미를 가지고 있으며, 서로 상대의 냄새를 맡으며 건강을 기원한다고 한다.

이번 조사에서 직접 참관하여 관찰한 의례가 어린아이 '머리카락 자르기 Xoopor зоруулэх' 의례다. 남자아이는 홀수 나이인 3, 5, 7세 일 때 하며, 여자아이는 짝수 나이인 2, 4, 6세 때 한다.

머리카락 자르기 의례의 날은 라마 승려가 결정한다. 음력을 따르며 남아의 경우 홀수 해에 날을 잡는다. 좋은 날이 기록된 책자冊子를 보고 결정하는데, 나쁜 날도 기록되어 있다. 의례가 끝나면 준비한 음식과 술을 돌려 마시고, 계속해서 노래를 부르며 축하의 흥을 돋운다. 자리를 뜰 때에는 축하의 덕담을 하고 나온다. 이때 반드시 보드카 한 잔을 조금이라도 마셔야 한다.

머리카락 자르기 의례의 주인은 대개 할아버지가 된다. 주인은 보드카를 연장자 순으로 돌리며, 술잔을 받은 손님은 역시 하늘을 향해 세 번 튕기고

그림 23 투바인의 아침의례 제단

보드카를 마신다. 그리고 아이의 머리카락을 약간 잘라 부모가 준비한 비닐 봉지에 넣는다. 이와 동시에 돈을 주기도 하는데, 오히려 돈을 받기도 한다. 돈을 받게 되면 잘 간직해야 한다. 아이의 머리카락은 잘라 모아 두었다가 1, 2년 후 태워 버린다. 이러한 풍습은 아이의 머리카락이 눈을 찌를 수 있어 시력이 나빠질 수 있다고 하여 생겨났다고 한다. 이후로는 머리를 짧게 이발한다. 혹독한 자연환경에서 머리카락 관리가 어렵기 때문에 이렇게 한다는 주장도 있다.

민간신앙으로서의 성격은 조금 약하지만, 의례의 요소가 강화되어 있을 뿐 몽골인들은 머리카락 자르기 의례를 반드시 행해야 한다. 칭기즈 칸도 아버지가 죽고 나서 머리카락을 잘랐고, 자른 머리는 어머니가 보관했다. 머리카락은 조상에 대한 기억과 힘을 상징한다고 어린 칭기즈 칸은 처음에 반대했다.

머리카락 자르기 의례는 여러 모로 카자흐인의 할례인 '숫낫 또이'와 닮은 측면이 있다. 카자흐인들은 남아에 한해 '할례'를 행한다. 남자아이가 대개 7세 이전의 홀수 연령이 될 때 할례를 한다. 머리카락 자르기가 몽골 사회의 구성원으로 인정받는 것처럼 카자흐인의 할례 역시 사회의 구성원으로 새롭게 탄생하게 한다.

'차찰 으르그흐Цацал өргөх'는 '아침신앙'이자 '아침의례'에 속한다. 원래

의례는 신앙의 성격을 포함하고 있기에 신앙이라 통일해서 지칭하는 것도 문제는 없다. 쳉겔 오스토그 지역의 투바인 게르에서 묵었을 때 목격한 아침신앙은 매일 아침 여성들이 주최가 되어 행하는 것으로, 아침에 여자주인이 주변에 좋은 향을 풍기며 좋은 일이 일어나기를 바라는 신심信心을 담아서 행한다. 먼저 게르 입구에 양철 바구니를 뒤집어 놓은 다음, 그 위에 돌을 놓고 게르 화덕의 숯을 가져다 놓은 후 그 위에 생 나뭇잎Apu을 놓는다. 빨갛게 달아오른 숯에서 새파란 나뭇잎이 타며 연기가 솟아난다. 그러면 손잡이 달린 작은 바가지에 물을 담아 시계 방향으로 돌며 문양이 새겨지고, 또 손잡이 부분에 천이 달린 나무 막대기로 물을 한 번씩 뿌린다.

매일 아침 한 번씩 이러한 의례를 행하는데, 게르의 여성공간인 식기食器들이 있는 곳에는 아침의례를 위해 나뭇잎과 의례용 나무 숟가락을 달아 둔다. 투바인들은 연기를 통해 하늘에 그들의 신앙심과 염원이 전달된다고 믿고 있다. 이를 통해 유목민의 민간신앙에서 연기가 차지하는 비중이 크다는 것을 알 수 있다. 특히 생 나뭇잎 연기에는 강한 매개자로서의 역할이 부여되어 있다고 믿고 있다. 생 나뭇잎 연기를 텡그리의 현신現神이라 여기기도 한다. 그래서 연기를 맡는다는 것은 새롭게 태어난다는 의미와 동시에 신성한 상태에 이른다는 것을 의미한다.

그림 24 투바인의 아침의례

축제

몽골인과 투바인에게 가장 큰 축제는 나담이다. 나담은 울란바타르에서 전국대회가 해마다 7월에 개최되는데, 바얀 울기 아이막에서도 크고 작은 규모의 나담이 열린다. 나담은 기마민족의 후예이자 유목민인 몽골인과 투바인에게 참가 자체에 큰 의미가 있다. 나담에서는 승마와 활쏘기 등을 제일로 쳐서 축제에 참가하는 사람들은 남성들이지만, 몽골 여성이나 투바 여성에게도 큰 의미가 있다.

승마는 중장거리 말경주로, 경쟁을 통해 가장 빨리 결승점에 도착한 자가 우승자가 된다. 말경주에 참여하는 몽골인들은 대개 어린아이들이다. 성인 남성은 참여하지 않는다. 몽골 어린이들은 걸음마와 더불어 승마를 배우기 때문에 몸무게가 적어 경주마를 타기에 최적이다. 그 외 승마 능력을 측정하기 위해 다양한 놀이가 진행된다.

활쏘기는 정확성과 시위를 당기는 힘에 의해 우승자가 결정된다. 주로 75m 과녁 맞추기가 행해진다. 경기에서 우승하게 되면, 메달과 함께 우승자의 칭호가 부여된다. 몽골인이라면 누구나 다 말을 잘타기 때문에 활쏘기가 말타기보다 더 선호되고, 우승자는 존경을 받게 된다. 그래서 집에 손님이 오면 자신이 활쏘기 대회에서 어떤 성적을 거두었는지 메달이나 증표를 보여주는 것을 최고의 자랑으로 삼는다.

활쏘기 대회에 참가하는 몽골인은 활 '놈Hyм'과 화살 '솜Cyм'을 갖고 간다. 그리고 경기에 필요한 활쏘기 복장을 하고, 과거에 활쏘기 대회에서 우승한 경우 등수가 새겨진 모자를 쓰고 간다. 물론 화살을 당기기 위해 손가락에 끼는 골무 '에르히이브치Эрхийвч'도 갖고 가야 한다.

나담은 몽골인들의 전통문화가 결집되어 표출되는 민속문화의 전승 현장

그림 25 오량하이계 몽골인 나담축제 참가복장

그림 26 투바인 나담축제 참가복장

이기도 하다. 나담에 참가하는 몽골인들은 반드시 전통복식을 하고, 축제를 위해 여러 달 준비한 자신들의 기량을 마음껏 발휘하려고 한다.

카자흐인들 역시 나담에 참가한다. 하지만 바양 울기 아이막에는 카자흐인들이 많이 거주하기 때문에 이들의 축제는 따로 있다. 카자흐인에게 가장 크고 중요한 축제는 매년 3월 22일 행하는 '나우리즈Наурыз'와 10월 첫째 주 토요일, 일요일 이틀간 개최되는 '부르키타Буркита'다. 나우리즈는 중앙아시아 투르크계 민족의 '나브루즈Navruz'와 같은 시기, 같은 방식으로 바양 울기 아이막에서 열리는 축제다.

부르키타는 일명 '독수리 사냥대회'로 바양 울기 사그사이Сагсай 솜에서 개최된다. 이 축제에는 바양 울기 전역의 독수리 사냥꾼들이 다 모여 사냥대회를 개최한다. 바양 울기 아이막 전역의 독수리 사냥꾼은 200여 명으로 사그사이에만 30여 명이 활동하고 있다고 한다.

┌ 그림 27 카자흐인 독수리 사냥꾼과 황금독수리

　　200여 명의 독수리 사냥꾼들이 말을 타고 언덕 위에 올라가 사냥대회를 시작하면, 200여 마리의 독수리들이 일제히 날아올라 장관을 이룬다. 이틀간 진행되는 축제에는 해외 관광객들이 쌀쌀한 날씨에도 불구하고 사그사이까지 사냥대회를 참관하러 온다.

　　사그사이의 독수리 사냥꾼 '바카트 아흐타이 아릭쿨Бакат Ахтай Арыккул (1969년생)'은 20대 초반부터 독수리 사냥꾼으로 살아왔다고 한다. 독수리 사냥꾼의 주 사냥대상은 여우와 토끼 등이다. 황금독수리를 훈련시켜 사냥에 활용하는데, 황금독수리는 생후 5개월이면 사냥이 가능하고 말을 잘 듣는다.

　　황금독수리 한 마리를 소유하고 있는 바카트에 따르면 독수리는 1개월 이상 훈련을 시켜야 하는데, 한 번 훈련시킨 독수리는 수명을 다할 때까지 사냥에 나서 보통 20년 정도는 함께 살게 된다고 한다. 매년 10월부터 3월까지가 사냥 성수기에 해당하며, 독수리 사냥을 위해 여름에는 잘 먹이고 10월부터는 물만 준다. 잘 먹여 살이 찌면 민첩성이 떨어지기 때문이다.

바양 울기 아이막 거주 카자흐인의 부르키타는 중앙아시아보다도 더 활성화된 사냥대회이자 축제다. 유목생활에서 돌아오는 카자흐 유목민에게 부르키타 축제는 정주공간에서 겨울에 유일하게 즐길 수 있는 놀이이자 육류 공급로 역할을 하고 있다.

몽골인의 나담이나 카자흐인의 나우리즈, 부르키타 등은 바양 울기 아이막 사람들에게 유목생활에 필요한 생존기술과 문화를 훈련시키고 전승시켜줄뿐 아니라, 각자의 민족성을 강화하여 준다. 이와 더불어 여타 민족과의 협력과 조화를 위해 공존하는 문화적 가치를 일깨워주는 상징적 의미를 가진다.

장례문화

바양 울기 아이막에 거주하는 몽골인과 투바인들에게는 무덤이 없다. 지금도 조장鳥葬을 하기 때문이다. 이번 조사에서 몽골인의 무덤이나 공동묘지를 찾아 다녔지만, 결국 찾지 못했다. 그리하여 조장의 흔적을 보려 했지만 이마저도 여의치 않았다. 일반인들이 모르는 곳에서 조장을 하기 때문이다. 가족이라 하더라도 극히 일부만 알고 나머지 가족은 '저 산 밑에 묻었다'는 정도의 표현만을 썼다. 구체적인 위치는 조장을 주재한 라마승만이 알고 있다.

조장은 철저히 자연의 일부로 돌아가려는 마음이 담긴 장례방식이다. 육신의 그 어떠한 부분도 남겨두지 않겠다는 믿음이 깃들여 있다. 몽골인은 죽은 자의 얼굴을 파란색과 노란색 천으로 덮는데, 이러한 색상은 하늘을 상징하는 신성한 색으로 간주한다.

매장을 하는 카자흐인의 무덤과 공동묘지는 몇 가지 특징을 갖고 있다. 첫째, 무덤 위에 돌을 쌓은 적석분 형식을 외형상 취했다. 무덤 위에 돌을 쌓은 것은 바양 울기 아이막 전체에서 나타난 무덤양식으로, 돌이 많기 때문에 나타난 무덤양식으로 보인다. 둘째, 무슬림의 표식인 초승달을 묘지명에 문양으로 새기거나 모형을 달아 두었다. 무슬림의 상징인 초승달 표식을 단 것은 몽골 사회주의 시절이 아닌 1991년 이후에 매장된 무덤에 나타나는 현상이다. 물론 몽골 사회주의 공화국 시절에도 초승달 표식을 달기도 하였다. 그렇지만 소비에트 연방의 위성국이었던 몽골 사회주의 시대의 무덤에는 붉은 별 표식이 더 많이 선호되었다.

바양 울기 아이막 카자흐의 공동묘지는 개별 무덤을 허용하지 않고, 지정된 공동묘지에 무덤을 만들도록 하였다. 사회주의 시절 사유재산제가 실행되지 않았던 시기부터 행해오던 관습이다. 하지만 소비에트 연방이 성립되기 이전에는 몽골인과 같은 조장이나 개별무덤이 존재하기도 하였다고 한다. 소비에트 연방의 위성국이 된 이후 변화된 풍습이라 할 수 있다.

한편 카자흐 공동묘지 내 무덤의 방향, 즉 시신의 머리가 위치한 방위를 기준으로 살펴보면 굳이 사우디아라비아의 메카를 향해 안치하지는 않았다. 그렇다고 북쪽이나 남쪽, 동쪽으로 제각각 놓여진 것은 아니다. 일정한 방향은 가지고 있다. 메카 방향에 해당하는 예를 들면, 알타이Алтай 마을의 카자흐 공동묘지에서는 대부분 남서방향이나 서북방향으로 나 있었다. 알타이에서 메카 방향은 서남방향이다.

알타이 마을 공동묘지는 마을 입구와 마을 출구 쪽에 각각 하나씩 조성되었는데, 마을 입구 공동묘지가 훨씬 규모가 크고 목초지에 따로 떨어져 있다. 무덤 위에 돌들을 쌓았으며 공동묘지를 여러 부분으로 나누어 돌담을 쌓아 두었다. 아마 이런 경우 일가 친인척의 무덤들만 조성한 것이 아닌가 생각된다. 또한 울타리 네 모서리에 별도의 초승달과 같은 장식을 한 경우도 있다. 대부분의 무덤을 공동묘지에 조성했음에도 별도의 장소에 무덤을 쓴 경우도 있었다. 공동묘지 내에 묘지난이 생겨났기 때문이다.

카자흐 공동묘지는 일관성 있는 방위개념과 조성방식을 갖고 계승되고 있다. 서쪽을 향한 무덤의 방향, 적석 봉분의 형태 등은 몽골인이나 투바인의 무덤과는 다른 카자흐인이라는 종족적 정체성을 상징한다.

무슬림인 카자흐 유목민은 하루 만에 매장을 하는 이슬람교 장례를 따르고 있다. 사망자가 발생하면 24시간 이내 정오가 지나지 않은 시점에 매장을 한다. 시신은 죽은 장소가 유르타이면 남성인 경우 남자 측에, 여성인 경우 여자 측 바닥에 놓고 양탄자로 시신을 가린다.

관을 사용하지는 않지만, 시신을 깨끗이 씻는 염殮을 한다. 절대로 화장火葬하지 않는다. 시신을 씻은 다음에는 얼굴 화장化粧을 하여 환한 미소로 만들어 준다. 염을 할 때에는 여자가 죽으면 여자 5명이 비누로 시신을 씻으며, 남자가 죽으면 남자 5명이 비누로 시신을 씻는다. 그러나 사고사나 질병에 의한 사망, 젊은이의 사망 등은 염을 달리하거나 매장시간이 좀 더 빨리 진행된다.

염이라고 굳이 개념 지을 수는 없으나 시신을 깨끗이하는 풍습이 있다. 몸을 가능한 가지런히 하게 한 다음, 시신을 씻을 때 5명이 분담을 해서 시신을 씻는다. 예를 들면 머리 1명, 팔 1명, 몸 1명, 다리 1명, 물 붓기 1명 등 부위별로 시신을 담당해 씻는다. 그리고 손톱과 발톱을 깎는다. 시신을 씻을 때는 흰 장갑을 끼고 마스크를 쓴다. 씻기가 끝나면 가지런히 놓인 시신을 흰색 천으로 감싼다. 미라처럼 흰색 천을 감싸면 염을 마치게 된다.

카자흐인들이 24시간 안에 염을 하는 것은 무슬림 때문이기도 하지만, 이곳의 자연환경에서 가능한 빨리 무덤을 만들고자 하기 때문이라 한다. 바양

그림 28 카자흐 공동묘지 전경

그림 29 카자흐 공동묘지 무덤

울기 아이막은 전체적으로 해발고도가 높아 서늘하거나 쌀쌀해 시신의 부패 진행 속도가 빠르지 않기 때문이다. 유목민의 유르타에 시신을 오래 둘수록 유목생활 자체에 어려움이 발생하기 때문에 빨리 매장하려는 경향이 있는 것으로 보인다.

무덤은 지하에 구덩이를 판 다음 바닥에 염을 한 시신을 안치한 후 석판으로 덮고 그 위에 돌을 쌓아서 완성한다. 그리고 묘비명이 준비되면 머리 부분에 세운다. 시신은 넓지않은 장방형 구덩이의 빈공간 속에 안치한다. 이런 경우 언제든지 석판을 열고 무덤에 새로운 시신을 매장할 수 있는데, 카자흐인들은 합장이나 추가 매장을 하지 않는다.

바양 울기 아이막의 카자흐인 역시 다른 투르크계 민족들처럼 무덤을 다시 파거나 개폐하지 않는다. 공동묘지는 신성한 장소이기 때문에 함부로 손을 댈 경우 재앙이나 불행이 온다고 믿고 있다. 그래서 공동묘지를 지날 때면 경건한 마음으로 지나야 한다고 생각한다.

하르가나트Харганат 지역은 산과 산 사이에 계곡이 펼쳐진 곳으로 작지도 크지도 않은 개천이 흘러가고, 언덕 쪽으로 넓은 평원이 펼쳐져 있다. 이곳에는 계곡 언덕에 여러 기의 돌무지 무덤들이 있다. 외형상 호석護石을 가진 적석분積石墳 쿠르간Курган으로 시베리아 알타이 지역이나 카자흐스탄 동부 지역 쿠르간 등과 같은 형식을 취하고 있다. 쿠르간은 남향이면서 태양을 많이 받는 곳에 산을 등지고 계곡을 향해 나 있다.

장손말자제

중앙유라시아의 유목민에게는 말자상속제末子相續制가 광범위하게 전승되고 있다. 유목민의 가계와 상속문제를 논할 때, 말자상속제는 중요한 준거가 된다. 바양 울기 아이막 유목민인 몽골인, 투바인, 카자흐인 등에게도 말자상속제는 보편적으로 나타나고 있다.

이와 더불어 장남의 첫째 자녀를 자신들의 막내자식으로 취하는 풍습이 있다. '장손말자제長孫末子制'는 자신의 자녀들 중 장남의 장손을 자신의 막내로 입양하여 양육하는 관습을 말한다. 다만 여기서 몇 가지 규칙이 발견되는데, 반드시 장남의 자식이어야 하며 장녀의 자식에게는 해당되지 않는다. 장녀가 결혼하게 되면 남편 쪽 풍습과 충돌할 수 있기 때문이다. 유목민들은 부계혈통을 중요시하는 가부장제 사회다.

또한 장손을 자신의 막내자식으로 입양할 때, 부모(자신)가 생존해 있어야 가능하다. 어느 한쪽이 살아있다면 한쪽의 자녀로 입양하고, 자신의 이름을 장손의 성姓으로 하거나 부명父名, 모명母名으로 전해준다. 또한 장손말자제는 시행 당시 성명체계에 그대로 나타난다. 관습적으로 행해지는 장손말자제는 행정적으로 문서화 과정을 거치게 되며, 이로써 자녀생산이 불가능한 부모의 연령대에 막둥이가 존재하게 된다. 장손의 입장에서는 생물학적 부모와 동일한 세대의 구성원으로 거듭나게 된다. 상호 간의 지속적인 교류를 통해 동일한 가족의 구성원이 되어 함께 사는 경우도 많다.

조부모의 입장에서는 장남의 첫째 자녀를 말자로 받아들여 노후에 늦둥이와 함께 지낼 수 있는 기쁨과 가족관계의 유대를 강화하는 계기로 삼는다. 그래서 조부모는 말자에 대한 애정과 양육에 많은 노력을 기울인다. 장남부부의 입장에서는 자신의 부모와 함께 장손에 대한 양육부담을 나누고, 자칫 소원할 수 있는 장남중심의 엄격한 가족관계를 유연하게 처리할 수 있다.

유목사회에서는 조혼早婚하는 풍습을 갖고 있어 장손말자제를 통해 자녀양육에 따른 경제적 부담을 감소시킬 수 있는 장점 또한 갖고 있다. 장손말자제가 시행된다고 하여 가족 간의 혈연적인 관계가 달라지는 것은 아니다. 단지 세대 간의 소속만 달리할 뿐 오히려 유대관계는 긴밀해진다고 할 수 있다.

장손말자제는 하나의 전통 내지 관습적으로 취할 뿐 아니라 행정적으로도 장손을 부모의 자식으로 입양시키는데, 부모에게 자녀가 없어서 장손을 말자로 취하는 것은 아니다. 또한 바양 울기 아이막 유목민의 성명체계에서는 아버지의 이름을 공식적·전통적으로 자녀세대의 성姓으로 취해왔다. 장손말자제의 경우 아버지의 이름을 자신의 생물학적 아버지와 동일하게 기재를 한다.

관습적 양자제를 결정하는 것은 전적으로 조부모에 의해 결정된다. 대부분의 조부모들은 어린 손자를 자신들이 직접 키워 보고 싶어한다. 장손말자제를 하고 싶어도 할 수 없는 경우는 아들이 없는 경우다. 딸만 있는 경우 이러한 풍습을 실행할 수 없다.

장남부부의 입장에서 장자가 말자가 된 경우, 호명은 자신의 생물학적인 부모를 부모라 하고 자신의 생물학적인 조부모를 할아버지, 할머니라 한다. 하지만 이러한 호칭이나 호명의 경계가 항상 명확한 것은 아니다. 어린 시절부터 조부모와 함께 사는 경우는 조부모를 부모로 호칭하기도 한다. 이런 경우 조부모가 생물학적인 부모와 같이 살지 않기 때문에 기른 정이 강하다 할 수 있다. 그렇다고 완전히 떨어져 영영 이별하고 사는 것은 아니다. 조부모와 장자의 가족은 수시로 만나고, 경우에 따라서는 함께 살기도 한다.

생물학적인 부모 역시 자신의 장자를 부모의 말자로 입양을 보내더라도, 즉 자신의 막내 동생이 되더라도 별 문제가 되지 않는다. 못 만나는 것도 아니고 남에게 입양을 보낸 것도 아니기 때문이다. 친부모는 어차피 자주 만나며 살기 때문에 자신의 자식이든 부모님의 자식이든 상관없다는 생각이다. 또한 자식이자 막내 동생의 양육비는 자신들과 부모가 공동으로 부담한다.

장손말자제는 공식적으로 유목민의 성명체계를 조사하는 과정에서 밝혀졌다. 중앙유라시아 유목민에게 성姓의 개념은 존재하지 않았을 가능성이 크

그림 30 오랑하이계 몽골인 할아버지와 삼녀(차녀)

다. '누구의 아들' 혹은 '누구의 딸'이라는 소속을 알려주는 호칭체계만 있었다. 소비에트 이후 러시아의 영향으로 부명父名이라는 제도가 행정적으로 도입되면서 부명의 일부는 자녀세대에 성씨로 전환되었고, 일부는 자녀세대를 끝으로 사라지게 되었다.

현재 바양 울기 아이막 유목민들이 혼란스러워하는 부분이 바로 성명체계다. 어떤 가족은 '부명+성+이름' 순으로 성명을 사용하고, 어떤 가족은 '성+부명+이름' 순으로 사용하기도 한다. 또한 같은 가족 내에서 자신들의 성이 무엇인지를 가지고 논란이 있기도 하며, 공문서에 기재된 성이 부모와 자식 간, 혹은 자식들 간에 다르게 기재되기도 한다. 이러한 상황은 부모와 자식

간의 성명체계를 교란시키고 있다.

현재 몽골에서 행정적으로 성명체계는 '성+부명+이름' 순이다. 전통적으로는 성을 뺀 '부명+이름' 순이다. 문제는 '부명+성+이름' 순으로 사용해온 가계에서는 무엇을 성으로 해야 할지 가족 내부에서 의견일치를 보지 못하고 행정적으로 신고하여 고착화된 경우다.

이 모든 것이 성의 부재에 따른 혼란이라 생각된다. 실제 생활에서 바양 울기 유목민은 성을 쉽게 바꿀 수 있으며, 성을 쓰지 않는 경우도 있다. 이러한 점은 성의 존재와 의미가 차지하는 비중이 크지 않다는 것을 보여준다. 더구나 장손말자제를 시행하면 형제 간에 다른 성을 쓰게 되고, 부모와 자식, 삼촌과 조카 간에 같은 성과 부명을 쓰게 되기도 한다. 때문에 출생연도를 무시하고 성명체계만을 본다면 유목민 사회의 가계도를 제대로 이해할 수 없게 된다.

다음은 이번 조사에서 밝혀진 장손말자제를 시행하는 오량하이계 몽골 가족, 투바인 가족, 카자흐인 가족의 가계도를 분석하였다.

알타이 데브세그Дэвсэг 목초지 오량하이계 몽골인 '반디 리세에 차간토그탄Банди Лищээ Цагаантугтан(1933년생)'은 2007년 사망한 부인과의 사이에 2남 2녀를 두었다. 반디 리세에는 장자(1964년생)의 차녀 '오양가Уянга(1989년생)'를 삼녀로 삼았다.

반디 리세에가 장자의 차녀를 자신의 막내딸(삼녀)로 입적시킨 것은 예외적인 사례라 할 수 있다. 이는 장손은 오랫동안 병을 앓고 있고, 장손녀는 어떤 이유에서인지 울란바타르에 거주하고 있기 때문이었다. 장손말자제의 경우 장자의 첫째 자녀를 자신의 막내로 입양시키지만, 반디 리세에는 장자의 장남과 장녀를 두고 차녀를 말자로 하였다.

쳉겔Цэнгэл 솜 투바인 '바자르 돌마Базар Дулмаа(1934년생)'는 1989년 사망

그림 31 투바인 할머니 　　　　　　　　　　그림 32 투바인 장손

한 남편과의 사이에 2남을 두었다. 바자르 돌마는 남편이 죽고 나서 태어난 장남의 장손 '돌마 콘고롤Дулмаа Конгороол(1992년생)'을 양자로 삼았다. 장손 돌마 콘고롤은 할머니의 이름을 성으로 사용하여 장손말자제에 따라 할머니의 막내아들(삼남)이 되었다. 장손이 태어났을 당시 할아버지가 사망한 상황이었기에 할머니의 이름을 성으로 사용한 경우다.

쳉겔Цэнгэл 솜 카자흐인 '악흐타이 콕세겐 악흐타이Ахтай Коксеген Ахтай(1946년생)'는 부인과의 사이에 5남 1녀를 두었다. 악흐타이 콕세겐 악흐타이는 장남(1975년생)의 장녀 '악흐타이 악흐타이 알틴샤쉬Ахтай Ахтай Алтыншаш(2001년생)'를 차녀로 삼았다. 갓난아기 때 자신의 막내딸로 데리고 가서 키웠기 때문에 차녀이자 막내딸 '알틴샤쉬'는 자신들이 진짜 부모인줄 알고 있다고 한다.

장손말자제는 유목민의 친족관계를 이해하는 하나의 키워드가 될 수 있는 연구주제다. 좀더 폭넓은 조사연구가 하나의 민속지로 진행되어야 한다. 특히 장손말자제에 의해 말자가 된 남자가 성인이 되어 또다시 자신의 생물학적인 부모의 의지에 따라 말자의 자녀가 어떻게 되는지에 대한 연구가 진행되어야 한다. 말자 역시 장남이었기 때문이다. 장손말자제는 세대 간에 어떻게 적용되는지를 밝혀야만 제도적 규칙이 밝혀질 수 있다.

유목민들이 가족 간의 우애와 유대를 강화하기 위해 이러한 전통을 유지하고 있다면, 유목민 사회를 이해하는 하나의 단초가 될 수 있다.

그림 33 카자흐인 할아버지와 장녀(차녀)

바양 울기 아이막에서 계승되고 있는 장손말자제가 몽골 전역에서 광범위하게 퍼져있는 것인지, 바양 울기 아이막에서만 발견되는 전통인지는 아직 확인이 되지 않았다.

또한 재산상속과의 관련성을 파악하여 유목민의 재산상속 실체를 파악해야 한다. 말자상속제처럼 장손말자제 역시 부모형제 간의 우애와 가족 간의 화목을 위해서 전승되고 있다면, 유목민의 가족중심, 씨족중심사회를 이해하는 데 더없이 좋은 연구대상이 될 수 있다.

필자는 몽골 알타이 지역 민속문화에 대한 다각적인 조사를 진행하여 민속문화의 현재를 입체적으로 조명할 수 있는 방대하고 다양한 자료를 수집하였다. 아울러 현지조사를 통해서 문헌조사에서 부족한 부분을 보강하였으며, 현지학자들과 현지 학계의 연구성과 역시 본 조사를 위해 충분히 활용하였다.

'몽골 알타이' 지역은 '몽골'이라는 국가와 '알타이'라는 지역이 조합을 이룬 용어다. 여기에는 몽골이라는 국가 전역에서 나타나는 민속문화가 존재하고 있으며, 알타이라는 지역에서 나타나는 민속문화 역시 전승되고 있다. 이러한 지역적 상황을 고려하여 몽골과 알타이에서 분포되고 생활화된 고유한 민속문화를 찾는 작업을 수행하였다.

조사결과는 민속지民俗誌 형태로 작성하였으며, 조사·수집한 내용은 민족학적·역사적·고고학적 자료들과 비교가 가능하도록 작성하였다. 또한 현지조사에서 촬영한 사진자료들도 포함시켰다.

| 조사지역 및 인터뷰 명단

보양트Буянт

- 호힌 뱀바자브 올로그Хохийн Бямбажав Оолог(1978년생, 남성)
- 다바아삼보긴 뭉흐체체그Дабаасамбуугийн Монхцэцэг(1976년생, 여성)
- 호야긴 호흐Хуягийн Хох(1947년생, 남성)
- 로돈긴 진게Лоодонгийн Жингээ(1952년생, 여성)

알타이Алтай **데브세그**Дэвсэг

- 반디 리세에 차간토그탄Банди Лищээ Цагаантугтан(1933년생, 남성)
- 바트수흐 엥흐체체그Батсух Энхцэцэг(1990년생, 여성)
- 오양가Уянга(1989년생, 여성)

쳉겔Ценгел

- 바다르치 자르갈 사이한Бадарч Жаргал-сайхан(1966년생, 남성)
- 타잔 오유나Таазан Оюунаа(1970년생, 여성)
- 바자르 돌마Базар Дулмаа(1934년생, 여성)
- 둘마 콘고롤Дулмаа Конгороол(1992년생, 남성)
- 자르갈 사이한 아리운 – 후스렌Жаргал-сайжан Ариун-хуслен(2000년생, 여성)
- 아흐타이 콕세겐 톨보한Ахтай Коксеген Тулбохан(1946년생, 남성)
- 콕세겐 톨보한 바이콜Коксеген Толбохан Байколь(1975년생, 남성)
- 콕세겐 톨보한 에르볼라트Коксеген Толбохан Ерболат(1982년생, 남성)
- 아흐타이 톨보한 알틴샤쉬АхтайТолбохан Алтыншаш(2001년생, 여성)

오스토그Остуг

- 잠바긴 바야르후 숀고르 이르기드Жамбаагийн Баярхуу шунгуур Иргид(1958년생, 여성)
- 모가인 첸겔사이한 델레그Мугайн Цэнгэлсайхан Дэлэг(1978년생, 남성)

- 잠바기인 헨즈바야르 슌고르 이르기드Жамбаагийн Хэнзбаяр щунгуур Иргид(1978년생, 남성)

사그사이Сагсай
- 바카트 아흐타이 아릭콜Бакат Ахтай Арыккул(1969년생, 남성)

자그트Заагт
- 바카트 칼람바히 사켄Бакат Каламбахи Сакен(1979년생, 남성)
- 보엔토그토힌 에르다노바야르Буентогтохын Эрданобаяр(1983년생, 남성)
- 토그토린 난딘체첸Тогтуурын Нандинцецен(1984년생, 여성)

차간노르Цагааннуур
- 도르보드 토모르 바트바야르Дорбод Томор Батбаяр(1957년생, 남성)
- 보르지그논 푸레브도를로그 바이길몰라Боржигнон Пурэбдорлог Байгилмолаа(1965년생, 여성)

울기Олгий
- 바캇 파질 다오렌Бакат Фазыл Даурен(1967년생, 남성)
- 잔테케이 아쉼 라야Жантекей Ашим Рая(1968년생, 여성)
- 바캇 다오렌 에르케쉬Бакат Даурен Эркеш(1992년생, 여성)
- 바캇 다오렌 아이사올레Бакат Даурен Айсауле(1995년생, 여성)
- 바캇 다오렌 아미르Бакат Даурен Амир(1999년생, 남성)
- 바캇 파질 다오렌Бакат Фазыл Даурен(1962년생, 남성)

몽골 알타이의
고고학 유적·유물

D. 체벤도르지 (몽골과학아카데미 고고학연구소)
번역 – 이평래

알타이 산맥의 정상인 알타이 타왕 보그드Altai tavan bogd 산의 북변北邊은 러시아연방, 그 서북쪽 지대는 카자흐스탄, 서남쪽은 중국 땅에 속한다.

알타이 타왕 보그드의 남쪽 지역은 그곳에서 시작되는 몽골 알타이 산맥 및 그와 인접한 고비-알타이 산맥Gov'-Altai으로 총 1,600km나 계속되고, 몽골의 서남부 거의 모든 국경지대를 이들 거대한 산과 산맥이 둘러싸고 있으며 이는 몽골의 영토에 속한다. 이 지역은 수천 년에 걸친 여러 문화층의 다양한 고고학 자료가 남아 있지만, 이들에 대한 연구는 이제 시작 단계다.

과거 몽골·소련 공동 역사·문화 학술조사단의 석기 연구팀이 바양 울기Bayan-Ölgii, 호브드Khovd, 고비-알타이 아이막에서 지표조사를 실시하여 100여 곳에서 석기 시대 유적을 발견하였는데, 대부분은 구석기 시대에 해당하는 것으로 그중 호브드 강 유역, 바양 노르Bayan nuur 솜 부근, 알타이 남변에서 출토된 석기 자료들은 학술적으로 상당히 중요한 것으로 판명되었다.

그 후 여러 해에 걸친 연구 결과 몽골의 석기 시대와 관련한 많은 자료를 수집하였으며, 이들을 연구하고 자료를 출간하는 작업은 몽골 뿐 아니라 중앙아시아, 나아가 세계 구석기 연구에 중요한 의미를 지니므로 연구자들은 이 방면에 크게 주목해왔다. 그 단적인 사례가 몽골·소련 연구자들이 공동 작업으로 펴낸 『몽골 알타이의 구석기 및 신석기』라는 공동 저작이다. 이 책에서 연구자들은 몽골 알타이 산맥과 바양 울기, 호브드, 고비-알타이 아이막의 200여 곳에서 발견·조사한 구석기 관련 자료를 소개하고, 제작 특징 및 절대연대를 확정하였다. 저자들은 몽골 알타이의 구석기 출토 지역에 대한 지형학, 고古지리학, 지질학적 특성 및 구석기 제작 기술과 기법에 대한 상세한 연구를 수행하여 '전기 구석기 시대에서 중석기 시대, 신석기 시대가 끝날 때까지의 발전과정의 일관적인 추세가 있었다'는 결론에 도달하였다.

이러한 고고학 연구자들의 노력으로 몽골 알타이 지역에서 사슴돌, 기념비, 케렉수르(히르기수르), 여러 문화층의 무덤, 비명碑銘, 석인상, 사원, 바위그림 등 20여 종 8,500여 건의 자료가 발견되어 보고되었다.

몽골 알타이에서는 청동기 시대 유적인 히르기수르, 사각돌널무덤(판석묘), 사슴돌, 바위그림 뿐 아니라 아무런 문자나 그림이 없는 돌기둥石碑도 발견되었다. 한편 신석기 시대 무덤이 올랑 호스Ulaan khus, 쳉겔Tsengel, 사그사이Sagsai 등 여러 솜에서 보고되고 있지만 거의 발굴 조사되지 않았다. 따라서 필자는 여기서 히르기수르, 사슴돌에 대해서만 살펴보도록 하겠다.

| 히르기수르Khirgisüür

히르기수르는 몽골 중부 및 서부, 즉 헨티Khentii 아이막에서 서부 지역, 수흐바타르Sükhbaatar 아이막 북쪽에서 서쪽의 전 지역에 분포할 뿐 아니라 러시아 연방의 부랴트공화국, 투바공화국, 알타이공화국 등지에도 널리 퍼져 있다. 히르기수르 분포도에 의거하면 이 문화의 중심은 서몽골, 즉 몽골 알타이 지역이다. 히르기수르의 분포지는 청동기 시대의 또 하나의 중요한 유적인 사각돌널무덤과 겹친다. 이 경우 대부분 히르기수르는 보다 고형古形의 특징을 갖는다. 히르기수르는 크고 작은 강가나 호수 주변에 주로 복합체로 존재한다. 물론 하나의 히르기수르만 있는 경우도 있다. 또한 히르기수르만으로 이루어진 대규모 히르기수르 복합체들도 몽골 알타이 지역에 다수 존재한다.

그밖에도 여러 시기의 유적들이 히르기수르와 한 지역에 있는 경우도 있다. 히르기수르의 구성에는 히르기수르 뿐 아니라 그 구조에 들어가는 사슴돌, 그리고 히르기수르 주변에 존재하는 원형무덤(부속 돌무더기), 암각화 등이 포함된다. 한 마디로 히르기수르는 복잡한 구조를 가진 독특한 돌 구조물이라 할 수 있다. 이 유적은 중앙의 돌무더기(적석부)와 그 주변에 있는 네모 혹은 원형의 테두리(외곽), 거기에 딸린(그 외곽의 안쪽과 바깥쪽) 크고 작은 규모의 부속 구조물로 이루어진다.

1987년에 후댜코프Yu. Khudiakov는 히르기수르를 분류하기 위한 평면도를 작성하였다.

그러나 히르기수르의 형태와 규모는 매우 다양하며, 현재까지도 완전한 분류가 이루어지지 않았다. 아무튼 네모와 원형이라는 기본적으로 두 가지 형태가 있는 것은 분명하다.

히르기수르의 구성 부분을 열거하면 다음과 같다.

① 주요 적석부
② 적석부에서 사방으로 돌을 박아 만든 빗살 또는 길
③ 테두리(원형 또는 네모 외곽)
④ 부속물(그 안쪽과 바깥쪽의)
⑤ 8개의 돌 부속물
⑥ 사슴돌
⑦ 돌길

몽골 북부 지역에서 발굴 조사한 일부 히르기수르의 부속 구조물에서 출토된 동물 뼈에 대한 방사선연대측정 결과 기원전 15~13세기라는 결과가 나왔다. 또한 히르기수르와 사각돌널무덤이 한 시기의 유적임을 말해주는 자료가 다수 확인된다. 연구자들은 히르기수르의 기능과 건립 목적을 여러 가지로 보고 있다.

① 무덤 유적
② 제사 유적
③ 무덤 및 제사 유적
④ 야외 제단
⑤ 우주의 모형

히르기수르에 대한 발굴 결과 유물은 거의 출토되지 않았다. 그 이유 중 하나는 모두 도굴되었거나 아니면 애당초 부장품을 묻지 않은 제사유적이었던 것과 관련이 있다. 그러나 일부 히르기수르에서는 청동기 시대에 해당하는 토기 조각 및 일부 청동제품이 출토되었으며, 그들은 대부분 적석부 가운데서 출토되었다. 반면에 히르기수르 부속 구조물에서는 말뼈가 출토되었다. 히르기수르에서 출토되는 인골이나 가축 뼈의 보존 상태는 나쁘지만, 일부에서는 사람의 두개골이 나오기도 한다. 그중 서부 및 중부 몽골에서 출토된 두개골은 유럽인의 모습을 하고 있었지만, 셀렝게 강 유역에서 출토된 2점의 두개골은 몽골인의 용모를 띠고 있었다.

한편 투르바트Ts. Törbat 등이 바양 울기 아이막에 소재하는 히르기수르의 분포 상황을 알려주는 자료집을 출간하였다. 이에 따르면 이 아이막의 모든 솜에서 히르기수르가 널리 분포함을 알 수 있다. 각 솜의 히르기수르의 분포 상황을 보면 〈표 1〉과 같다.

몽골 알타이 산맥에서 발원하는 사그사이Sagsai, 호브드, 간츠 모드Gants mod, 치게르테이Chigertei, 토보Tobo 강 등으로 흘러드는 크고 작은 강 유역에

〈표 1〉 각 솜의 히르기수르 분포 상황

번호	솜 이름	소재 지역 수	히르기수르 수
1	알타이	50	431
2	알탄축츠	22	145
3	바양노르	9	66
4	보가트	12	211
5	볼강	40	189
6	보양트	22	137
7	델룽	46	458
8	노공노르	25	169
9	사그사이	27	299
10	톨보	24	141
11	올랑호스	14	65
12	쳉겔	6	14
	총계	297	2,325

서 히르기수르가 다수 확인된다. 이에 따라서 히르기수르를 대부분 강과 결부된 유적이라고 설명할 수 있다. 그러나 히르기수르가 복합체 형태로 한꺼번에 있는 것 외에, 다른 시기 유적들도 함께 있다. 특히 이들 히르기수르의 옆에는 청동기 시대의 사슴돌이 다수 확인된다.

사슴돌

학자들은 유라시아 대륙 초원 지대에서 청동기 시대와 초기 철기 시대에 걸쳐 널리 분포한 경이로운 역사·문화 유산인 사슴돌을 약 100년 전부터 연구하고 그동안 800여 기의 사슴돌을 발견, 보고하였다. 그중에서 몽골에서 약 650기, 바이칼 호 남부 지역에서 10~12기, 사얀-알타이 지역에서 약 20기, 산지알타이에서 약 60기, 카자흐스탄과 중앙아시아에서 약 20기, 서쪽으로

오렌부르크 주州, 카프카즈, 우크라이나, 엘바 강에 이르는 지역에서 총 12기가 발견되었다.

지금까지 학자들은 사슴돌을 연구하고 그것들의 형태 분류를 시도하여 여러 가지 의견을 제시하였다. 이들을 종합하면 현재 학자들은 사슴돌을 세 가지 형태로 분류하는 데 동의하고 있다. 이러한 분류를 소재 지역을 근거로 다음과 같이 나누면 보다 이해하기 쉽다.

I 유형 : 몽골 – 바이칼 호 남부의 사슴을 양식화하여 표현한 사슴돌
II 유형 : 사얀 – 알타이의 동물을 사실적으로 표현한 사슴돌
III 유형 : 유라시아 대륙의 동물형상이 없는 사슴돌

I 유형 : 몽골 – 바이칼 호 남부의 사슴을 양식화하여 표현한 사슴돌

이 유형의 사슴돌은 수적으로 가장 많으며, 몽골의 아르항가이Arkhangai, 우부르항가이Övörkhangai, 자프항Zavkhan, 바양홍고르Bayankhongor, 볼강Bulgan, 고비 – 알타이, 투브Töv, 셀렝게Selenge, 홉스굴Khuvsgul, 헨티, 호브드, 오브스Uvs, 바양 울기 등 여러 아이막에서 발견되었지만, 집중 분포 지역은 항가이 산맥, 헨티 산맥, 사얀 산맥 등 산악 지대 부근이다. 또한 몽골 외에도 그 이웃인 바이칼 호 남부와 투바공화국에서 3기, 산지알타이에서 이 유형에 포함시킬 수 있는 양식화한 사슴 그림이 있는 것 1기와 사슴돌 조각 1기, 그리고 카자흐스탄에서 몇 개가 발견되었다는 보고가 있다. 이 유형의 사슴돌을 몇 가지 사례를 들어 설명하겠다.

아르항가이 아이막 에르덴만달Erdenemandal 솜의 하노이 박khanui bag(이전의 솜 소재지) 동쪽에 있는 하노이 강의 북쪽 언덕에 지름 2~3m의 다수의

작고 둥근 모양으로 이루어진 커다란 네모 및 원형의 제사용 구조물이 있는 히르기수르, 그리고 커다란 네모 모양과 다른 구조물이 있는 10개의 사슴돌로 구성된 의례 및 매장 복합 유적이 있다. 이곳에 있는 모든 사슴돌에는 양식화한 사슴이 표현되어 있으며, 해와 달, 무기, 장식품이 새겨져 있다. 이들 사슴돌 중에서 하나를 사례로 들어보자.

이 사슴돌은 높이 2.5m, 너비 0.48m, 두께 0.2m의 회색 화강암으로 제작되었다. 선돌立石의 꼭대기는 약간 기울어진 상태이며, 위쪽에는 한 줄의 동그라미를, 아래쪽에는 넓은 띠를 새겨 선돌을 세 부분으로 나눴다. 선돌의 넓은 앞면의 윗부분에는 크고 작은 동그라미(해, 달)를, 중심부에는 열 마리의 사슴을 양식화하여 표현하였는데, 그중 셋은 가슴 부위를, 한 마리는 몸통 부위를, 나머지는 사슴 전체를 표현하였다. 그리고 사슴들의 형상 가운데 하나의 동그라미(거울)를 모두 쪼아서 그렸다. 사슴의 주둥이는 왼쪽 위로 비스듬히 향하게 표현하였다면, 왼편 아래쪽 모서리의 여백에 묘사한 작은 사슴은 주둥이를 선돌 측면 가장자리로 향하게 하고, 뿔은 바로 위를 향하여 갈라져 있는 모습으로 표현하였다. 이들 사슴 아래로 너비 6cm의 띠를 새기고, 그 띠에 작은 타원형 물건이 달려 있는 모습을 묘사하였다. 띠 아래로는 한 마리의 온전한 사슴을, 두 번째는 사슴의 가슴을, 세 번째는 사슴의 뿔을 각각 표현하였다.

선돌의 오른쪽 측면의 윗부분에는 아무 형상도 없지만 중간에는 사슴 일곱 마리가 표현되어 있는데, 주둥이를 왼쪽 위로 향하게 표현한 네 마리의 온전한 사슴, 한 마리는 사슴의 가슴 부위, 한 마리는 사슴의 몸통, 다른 한 마리는 하체(앞면에 있는 사슴의)가 표현되어 있다. 그 아래로 넓은 띠를 표현하고, 거기에 등이 구부러진 청동 칼과 숫돌을 찬 상태로 표현하였다.

선돌 뒷면 윗부분에는 크고 작은 동그라미(해, 달)를 표현하고, 그 아래로

한 줄로 여러 개의 동그라미를 새겼으며, 중간에는 사슴 아홉 마리를 묘사하였다. 그중에서 6마리는 2마리씩 짝을 맞추어 주둥이를 위로 향하게 하였다. 나머지 2마리는 사슴의 가슴부위가, 1마리는 사슴의 몸통이 묘사되었다. 그리고 사슴들 사이에는 활과 화살이 묘사되어 있다. 그들 아래로 띠를 새기고, 거기에 전투용 도끼, 단검, 활통 등이 달려 있는 모습이 묘사되어 있다.

선돌 오른쪽 측면의 윗부분과 아랫부분에는 아무 형상도 없지만 중간에는 5마리의 사슴이 있으며, 주둥이는 위를 향하여 비스듬히 묘사되어 있다. 사슴들의 아래로는 5면의 타원형 방패를 묘사하였다. 이 모든 것으로 보아 이 사슴돌의 몸통 면 전체를 사슴 형상(22마리 사슴)으로 빽빽이 채우려고 노력한 것으로 보인다. 그리하여 온전한 사슴 형상을 선돌 한 면에, 혹은 두 면에 걸쳐 묘사하고, 그 사이의 형상이 없는 자리에는 사슴의 가슴 부위와 뿔이나 작은 사슴을 묘사하였다.

투르바트 등은 바양 울기 아이막에서 이전에 알려진 것에 이 아이막에서 새롭게 찾은 사슴돌을 더하여 모두 85개가 확인되었다고 하였다. 이들 사슴돌의 15%는 '몽골 - 바이칼 호 남부에 분포하는 사슴을 양식화하여 표현한 사슴돌'이고, 나머지 85%는 '유라시아 대륙의 동물형상이 없는 사슴돌'로 보았다.

'몽골 - 바이칼 호 남부에 분포하는 사슴을 양식화하여 표현한 사슴돌'은 볼강 솜의 올라칭 골Ulaachin gol, 보양트 솜의 후렐 톨고이Khürel tolgoi, 사그사이 솜의 차강 아스가트Tsaggan asgat, 쳉겔 솜의 차강 골Tsagaan gol, 후툴 Khötöl 등지에서 발견되었다.

선돌에 사슴을 표현할 때는 반드시 옆쪽에서 바라본 형태로서 매우 아름다운 모습으로 목은 길고, 어깨 부위는 위로 솟아오르게, 엉덩이는 둥글고, 꼬리는 짧게, 다리는 길고 가늘게 표현하였음을 실물 자료를 통하여 확인할 수 있다.

또한 주둥이는 새 부리같이 길고 가늘게, 뿔은 문양처럼 여러 개의 가지로 나누어 등을 따라 비스듬하게 표현하였으며, 단지 뿔의 두 가지만 앞쪽을 향하게 하고 끝이 위로 말린 모습으로 묘사하였다. 그리고 사슴의 눈은 크게 새기고, 뿔과 목 사이에는 가늘고 긴 귀를 새겼으며, 두 다리를 굽혀 뛰어오르고 있는 것 같은 모습을 표현하였다. 또한 선돌의 몸통을 감은 형태로 여러 마리의 사슴을 묘사하였으며, 사슴의 뿔은 뒤쪽을 향하여 비스듬하게 묘사되고, 주둥이를 위로 향하게 하여 뛰어오르고 있는 것처럼 양식화하여 표현하였는데, 사슴들의 빠른 동작을 열망하는 모습으로 만들었다. 한편 선돌 한 쪽 면에 사슴대신 말을 표현한 사슴돌이 아르항가이 아이막의 알탄 산달Altan sandal에서 발견되었다. 또한 선돌의 사슴 사이에 말, 야생염소, 표범, 돼지, 새 등 다른 동물을 표현한 경우도 드물게 발견된다.

사슴돌의 띠에는 칼, 숫돌, 단검, 창, 활, 화살, 활통, 전투용 도끼, 방패 등 무기류가 달려있는 모습이 표현되어 있으며, 그 일부에는 문양, 동그라미, 사각형 등을 새겨 장식한 것이 있다. 예를 들면 아르항가이 아이막 이흐 타미르 Ikh tamir 솜의 바양 차강Bayan tsagaan 강 유역에서 발견된 하나의 사슴돌에는 전투용 도끼를 묘사하고 그 위에 7개와 31개의 네모난 구멍을 새긴 것이 있는데, 필자는 이를 몽골 지역에서 고래로 이용되어 왔던 달력의 한 형태일 가능성이 있다는 의견을 제시한 바 있다.

II 유형 : 사얀 – 알타이의 동물을 사실적으로 표현한 사슴돌

이 유형에 속하는 사슴돌은 몽골 서부 오브스, 홉스굴, 호브드, 바양 울기 등 여러 아이막에 널리 분포한다. 이 유형 사슴돌 가운데 한 가지 사례로서

홉스굴 아이막 신 – 이데르Shine-Ider 솜 두르불징 암Döröljiin am의 넓은 계곡에 분포하는 대형 히르기수르 가운데 분포하는 4개의 사슴돌 중 일부를 소개한다.

첫 번째 사슴돌

이 사슴돌은 회색 화강암으로 제작되었으며, 높이 3m, 너비 0.4m로 윗부분에는 모자 같은 것을 튀어나오게 묘사하였으며, 선돌 꼭대기를 둘러 한 줄의 많은 동그라미를 새기고, 아랫부분에는 가는 띠를 새겨 전체를 세 부분으로 나눴다. 선돌 오른쪽 측면의 윗부분에는 두 줄의 비스듬한 선, 띠에 찬 양쪽 끝이 위쪽을 향한 물건, 앞면 윗부분에는 동그라미(해), 중간에는 사슴 4마리를 각각 묘사하였는데, 그중 1마리는 가로로, 나머지 3마리는 선돌 상단을 향하게 하여 줄지어 있는 모습이 사실적으로 표현되었다. 그리고 왼쪽 측면 중간의 약간 위에는 서 있는 사슴 1마리가, 선돌 뒷면의 넓은 윗부분에는 동그라미(해)가, 중간에는 5마리의 사슴이 선돌 위쪽을 향하여 줄지어 있는 모습이 사실적으로 묘사되어 있고, 띠 밑에는 단검이 표현되어 있다.

두 번째 사슴돌

이 사슴돌은 높이 1.21m, 너비 31cm의 회색 화강암을 잘 다듬어 제작한 것이다. 선돌의 윗부분에 작은 구멍을 찍어 3면面을 감고, 아래로는 가는 점으로 띠를 새겨 사슴돌을 세 부분으로 나눴다. 그 오른쪽 윗부분에는 아래쪽으로 손잡이가 있는 구멍 안에 동그란 점을, 중간에는 사슴과 멧돼지를, 두 띠에는 활통이 달려 있는 모습이 표현되어 있다. 선돌 앞면 윗부분에는 사람의 두 눈과 코 및 입, 2개의 사선斜線 띠가 있다. 중간에는 아무 것도 표현되지 않았고, 아래로는 두 개의 끝이 위로 구부러진 물건이 그려져 있다. 또한 왼쪽 측면은 윗부분과 중간을 나누지 않고 위쪽에는 사슴을 사실적으로 표현하고, 아래로는 5각 방패를 새겼다. 선돌 뒷면 윗부분에는 중앙에 점이 있고, 아래로 새의 부리같이 약간 구부러진 동그라미(고리)가, 중간에는 2마리 사슴 사이에 멧돼지가 있으며, 띠에는 단검을 차고 있는 모습이 표현되어 있다. 선돌에 사슴과 멧돼지를 사실적으로 표현하였다.

이런 유형 사슴돌은 아르항가이 아이막 이흐 타미르 솜 소재 알탄 산달에서 발견되었다. 이 사슴돌의 앞면 윗부분에는 동그라미(해)가 있으며, 앞면과 오른쪽 측면을 감고 있는 2마리의 사슴이 양식화되어 표현되어 있고, 오른쪽 측면의 좁은 부분에는 몸을 웅크린 표범과 활통이, 뒷면의 넓은 부분에는 아래로 끝이 둘로 갈라진 손잡이가 있는 동그라미와 활과 화살 및 활통, 둥근 모양의 거울, 창끝 등이 사실적으로 표현된 말 3마리 사이에 새겨져 있다. 이 사슴돌의 특징은 사슴돌의 두 가지 조형기법(사슴을 양식화하고, 다른 동물을 사실적으로 표현)을 동시에 갖고 있는 점이다.

다음으로 홉스굴 아이막 차강 올Tsagaan uul 솜 우브구드Övgöd 박 소재 후수트Khöshööt 유적에서 발견된 사슴돌을 보도록 하자. 이 사슴돌의 윗부분에는 구멍이 줄지어 새겨져 있고, 아랫부분에는 넓은 띠가 새겨져 있어 선돌이 세 부분으로 나뉜다. 선돌의 앞면 윗부분에는 크고 작은 동그라미(해, 달)가, 왼쪽 측면 윗부분에는 단 하나의 사선이, 뒷면 윗부분에는 크고 작은 동그라미이 표현되어 있다. 선돌 중간의 4면에는 앞면을 차지하고 있는 20마리의 말이 새겨져 있고, 그밖에 말들의 위쪽으로 입을 벌린 2마리의 표범, 그 사이에는 둥근 거울, 방패, 활통, 작은 말의 가슴 부위, 뾰족한 귀를 가진 늑대 같은 동물이 표현되어 있다. 선돌의 띠 아래로는 활과 화살, 전투용 도끼, 단검, 둥근 손잡이가 달린 칼 및 2마리의 작은 말이 새겨져 있다. 말은 기본적으로 사실적인 모습으로 표현하였으며 입은 벌리고 주둥이는 가늘고 길게, 귀는 길고 뾰족하게 새겼는데, 일부는 다리를 구부리고 일부는 서 있는 모습이다. 호랑이와 표범 등 고양이과 동물들의 몸통은 반듯한 줄무늬가 있으며 입을 벌려 이빨을 드러낸 사나운 모습으로 표현하였다.

볼코프V. V. Volkov가 보고한 것처럼 아르항가이 아이막 타리아트Tariat 솜의 호링 암Khuryn am 사슴돌은 선돌 윗부분에는 다수의 동그라미를, 아래쪽에는 가느다란 띠를 표현하였고, 아랫부분에는 2개의 사선을, 중간에는 사슴, 멧돼지, 말, 그밖의 동물을 매우 사실적으로 새겨놓았다. 또한 띠에는 전투용 도끼, 단검과 칼, 활통 등 무기가 달려 있는 상태로 표현되었다. 호브드 아이막 다리브Dariv 솜의 출로팅 오그트로흐Chuluutyn ogtrokh에 소재하는 사슴돌에는 3개의 사선이 나란히 그려져 있고, 줄이 달린 동그라미, 2마리 말이 끄는 마차, 말, 전투용 도끼, 활통과 활 등이 표현되었다. 같은 아이막 뭉흐하이르항Mönkhkhairkhan 솜의 텔레깅 암Telegin am 소재 사슴돌에는 줄이 달린 동그라미, 2개의 사선, 띠, 띠에 찬 물건 등이 그려져 있다. 호브드 아이막 무스트Möst 솜의 보돈칭 골Bodonchiin gol에 소재하는 사슴돌에는 윗부분에 해를 표현하고, 아래쪽으로 여러 개의 동그라미를 줄지어 새겨 구역을 나누고, 중간에 멧돼지 4마리와 둥근 거울, 활통과 활을 함께 그려놓았다.

또한 호브드 아이막 부흐무룽Bökhmörön 솜의 나랑 빌드Naran bild에 소재하는 사슴돌에는 윗부분에 다수의 동그라미을 줄지어 표현하고 아래쪽으로 단 하나의 가느다란 띠를 새겼으며, 선돌 윗부분에 3개의 사선을, 중간에 말을, 띠에 칼과 숫돌을 차고 있는 모습을 각각 새겨 놓았다. 같은 솜의 바다잉 암Baadain am에 소재하는 사슴돌의 윗부분에는 크고 작은 동그라미, 3개의 사선, 중간에는 단검, 활통과 활, 사슴, 말 등이 표현되어 있는데, 필자는 1989년 현장을 찾아 조사한 바가 있다.

동물들을 '사실적으로 표현한' 사슴돌로 볼만한 것이 바양 울기 아이막 알탄축츠 솜의 혼들로이 – 1Khondloi-1에서 발견되었다. 선돌 꼭대기를 둘러 넓은 선(머리 장식)을 표현하고 그 아래로 다수의 동그라미를 줄지어 새겼으며, 그 둘 사이에 3개의 사선이 그려져 있다. 그리고 선돌의 중간 부근에는 가는 선을 그려 띠를 만들고, 넓은 면에는 '숫돌' 같은 물건, 측면의 가는 부위에 '×' 같은 것, 뒷면의 넓은 면에 4개의 동그라미가 꼬인 채로 표현되어 있으며, 앞면 아랫부분에는 긴 꼬리를 가진 동물을 사실적으로 묘사하였다.

또한 델룽 솜의 간츠 모드에서 발견한 선돌은 꼭대기에 넓은 선(머리장식)이 있으며, 그 아래로 여러 개의 구멍이 줄지어 있고 그 사이에 3개의 사선이 있다. 그리고 양 측면에 각각 1마리의 사슴을 표현하고, 다수의 구멍을 새긴 아래 측면에 전투용 도끼, 활통과 활 및 단검을, 아래쪽에는 1마리의 야생염소를 그려놓았다. 사그사이 골의 차강 아삭Tsagaan asag에 소재하는 사슴돌의 한 면에는 검은 사슴, 몇 마리의 야생염소가 사실적으로 그려져 있고, 다른 쪽 면에는 3마리의 사슴이 양식화되어 표현되어 있다.

톨보 솜 바양 엥게르Bayan enger의 한 사슴돌 윗부분에는 동그라미와 3개의 사선 및 다수의 동그라미가 표현되어 있고, 한쪽 면에는 5마리의 야생염소가 새겨져 있다. 또한 바양 엥게르의 다른 사슴돌 정상부에는 가는 선이 둘러져 있고 거기에 다수의 구멍이 있으며, 그들 사이에 이중二重의 동그라미, 3개의 사선이 새겨져 있다. 좁은 면에는 줄지어 가는 3마리의 말과 다른 몇 마리의 동물이 표현되어 있다.

이와 같이 몽골의 영토 안에서 동물을 사실적인 모습으로 표현한 사슴돌이 총 10여 개 정도가 발견되었다. 크이즐라소프L. P. Kyzlasov, 그라츠A. D. Grats, 쿠바레프V. D. Kubarev, 사비노프D. G. Savinov 등이 보고한 바에 따르면 투바, 산지알타이, 카자흐스탄에서도 사슴, 야생염소, 누워있는 말, 돼지를 표현한 사슴돌이 발견되었다.

III 유형 : 유라시아 대륙의 동물형상이 없는 사슴돌

몽골의 서부 지역에는 사슴돌에 사슴이나 동물형상이 없고, 해와 달, 무기, 띠 등을 묘사한 것이 비록 적지만 분포한다. 이러한 종류의 사슴돌 가운데 일부를 소개하겠다.

필자는 오브스 아이막 투르겡Türgen 솜의 델게르 무릉Delger mörön 박 소재지에서 높이 1.1m, 너비 0.4m, 두께 0.25m의 사슴돌을 직접 조사·연구하였다.

선돌 윗부분에는 가늘고 오목하게 들어간 선을 빙 둘러 새기고, 앞면과 뒷면의 윗부분에는 각각 하나의 동그라미를 측면의 좁은 부위에는 사선 3개가 있다. 선돌 중간 앞면에는 전투용 도끼, 중앙에는 구부러진 물건이, 뒷면의 넓은 부위에는 활이 들어 있는 활통이 묘사되어 있다.

같은 솜의 보르호타잉 우부르Burkhutain övör에는 높이 0.4m, 너비 0.2m, 두께 0.2m의 사슴돌이 있다. 선돌 윗부분의 뒷면과 앞면에는 각각 하나의 동그라미를 표현하고, 아래쪽으로 가는 띠를 묘사하였다. 또한 같은 아이막의 올람곰Ulaangom 시 북쪽으로 흐르는 하르히라Kharkhiraa 강의 차강 사이드 Tsagaan said에는 높이 0.9m, 너비 0.3m, 두께 0.35m의 사슴돌이 있다. 선돌의 꼭대기는 사람의 목처럼 가늘게 다듬고, 넓은 면에는 다수의 동그라미를 두 줄로 새겼으며, 측면의 좁은 부위 윗부분에는 한 줄의 동그라미를, 거기에서 약간 아래쪽으로 하나의 가느다랗고 오목한 줄을 표현하였다.

오브스 아이막 타리알랑Tarialan 솜의 치게츠Chigeets 강 오른쪽 언덕에 높이 1.2m, 너비 0.9m, 두께 0.6m의 사슴돌이 있다. 선돌 앞면의 넓고 평평한 곳에 4개의 동그라미를 한 줄로 내어 나누고, 윗부분에는 하나의 동그라미(해)를 표현하였다. 거기에서 왼쪽으로 500m 떨어진 곳에 높이 0.75m, 너비

0.25m, 두께 0.15m의 사슴돌이 있는데, 선돌의 넓은 면에 2개의 가는 띠가 표현되어 있다.

또한 자프항 아이막 텔멩Telmen 솜에서 6개의 사슴돌이 발견되었는데 3개는 양식화하여 표현한 사슴 그림이 있고, 나머지 3개에는 사슴 그림이 없다. 이 가운데에서 사슴이 새겨지지 않은 것을 소개하겠다. 볼코프가 보고한 바와 같이 제4번 사슴돌은 회색의 화강암으로 제작되었으며 높이 1.38m, 너비 0.48m, 두께 0.17m이다. 선돌을 2개의 가는 선으로 띠를 만들고(볼코프는 3개의 선으로 띠를 만들었다고 했는데 이는 그가 보고한 그림과 다르다), 뒷면 윗부분의 넓은 부분에 작은 동그라미를, 좁은 부위에 3개의 사선을, 앞면 중간에 7개의 동그라미를 한 줄로 표현하였다. 아래쪽 띠의 앞면에는 전투용 도끼, 뒷면에는 활통과 활이 새겨져 있다.

제5번 사슴돌은 높이 2.48m, 너비 0.46m, 두께 2m이며 위쪽으로 넓은 동그라미를, 그 아래로 한 줄로 다수의 점을, 아래쪽으로 가는 점으로 띠를 새겨 4개로 나누었다. 위의 두 선 사이 두 개의 좁은 면에는 3개의 사선을, 아래쪽 띠의 아래의 넓은 면에는 전투용 도끼를 표현하였다.

제6번 사슴돌 역시 회색의 화강암으로 제작하였으며 높이 1.83m, 너비 0.34m, 두께 0.16m로 단지 두 면에만 그림이 있다. 선돌 꼭대기에는 9~10cm 너비의 넓은 동그라미를 내고, 윗부분의 좁은 면에 3개의 사선을, 넓은 면에 작은 구멍을 표현하고, 아래쪽으로 여러 개의 점을 줄지어 새겨놓았다. 그리고 선돌 아래쪽에는 가느다란 점 띠를 새기고 단검과 활통 등을 표현하였다.

볼코프의 보고에 따르면 이 유형같이 3개의 사선이 있고 단검, 만자卍字같은 것을 묘사하고 말 머리 4개가 있는 사슴돌이 자프항 아이막 송긴Songino 솜의 아이락Airag 호수 옆에서, 활통과 활·전투용 도끼, 3개의 사선 등을 묘사한 3개의 사슴돌이 오브스 아이막 햐르가스Khyargis 솜의 시르겡Shirgen 계곡에서, 단검·활통·전투용 도끼를 묘사한 사슴돌이 바양홍고르 아이막의 폰착 오보Puntsag ovoo에서 각각 발견·조사되었다.

또한 유라시아 대륙의 동물 모습이 없고 해, 3개의 사선, 단검, 꼬챙이, 숫돌 등을 묘사한 사슴돌이 알탄 축츠, 바양노르, 볼강, 보양트, 사그사이, 델룽, 노공노르, 톨보, 올랑호스, 쳉겔 솜 등지에서 70기가 발견되었다.

학자들은 사슴돌을 청동기 시대 말기 또는 초기 철기 시대와 관련지어 보고 있지만 정확한 연대 추정에서는 차이가 있다. 예컨대 소스노프스키G. N. Sosnovskii는 기원전 6~3세기, 오클라드니코프A. N. Okladnikov는 기원전 8~5세기 또는 아마도 그보다 이른 시기에 발생했다고 보았고, 츨레노바N. L. Chlenova는 스키타이 시대, 즉 기원전 5세기 이후, 세르－오드자브N. Ser-Osjav는 기원전 5~3세기, 볼코프는 기원전 1000년기 초기, 나왕D. Navan은 기원전 8~3세기, 노브고로도바E. A. Novgorodova는 기원전 8~3세기, 호로시흐P. P. Khoroshikh는 기원전 7~3세기, 체벤도르지·산비노프D. G. Sanvinov·쿠바레프 등은 기원전 2000년기에서 기원전 3세기에 해당하는 유적으로 보고 있다.

위에서 언급한 대로 대다수 학자들은 사슴돌을 기본적으로 기원전 8~3세기에 관련시키고, 그것이 청동기 시대 말기, 일부는 아예 초기 철기 시대에 발생했다고 본다. 몽골 지역에 널리 분포된 사각돌널무덤과 기원전 7~3세기와 관련된 찬드만Chandman' 산의 4유형의 무덤에서 금속제품이 다수 출토되고 있는 것은 몽골에 기원전 7세기부터, 어쩌면 그 이전부터 생산 활동에 철이 보급되었음을 증명하며, 몽골의 초기 철기 시대가 기원전 7~3세기와 관련이 있다고 보는 학자들과 필자는 의견을 같이한다는 것을 이번 기회에 언급해둔다.

몽골에서 수행된 최근의 고고학 연구결과 사슴돌의 제작 연대를 앞당길 수 있는 자료가 상당수 발견되고 있기 때문에 필자는 이 문제에 관한 본인의 의견을 제시하면서, 사슴돌을 새기고 묘사하는 데 사용한 도구들이 도대체 어느 시기와 관련이 있는지, 그리고 사슴돌이 사각돌널무덤, 바위그림 및 기타 고고학 자료와 제작 연대에서 어떤 관련이 있는지에 대하여 주목하고 있다.

학자들은 중앙아시아에 널리 분포된 사각돌널무덤과 사슴돌을 같은 시기에 해당되는 것으로 보지만, 사각돌널무덤을 만들 때 사슴돌을 재료로 이용한 경우가 많다는 점은 이 두 유물의 제작 연대 차이를 보여 주는 중요한 자료이며, 이러한 자료 또한 다수 확인된다.

예를 들면 아르항가이 아이막 이흐타미르 솜 바양 차강Bayan tsagaan 강의 하구河口, 알탄 산달Altan sandal 산의 산기슭, 같은 아이막의 바트쳉겔Battsengel 솜의 시베르팅 암Shivertiin am, 에르덴만달Erdenmandal 솜의 후슌탈Khöshöön tal, 흡스굴 아이막 부렝토그토흐Bürentogtokh 솜의 햐다깅 에흐Khyadagiin ekh, 무룽Mörön 시 부근의 델게르Delger 강 유역, 갈트Galt 솜의 누흐팅 암Nükhtiin am, 볼강 아이막 오르홍Orkhon 솜 소재지, 바양홍고르 아이막 에르덴촉트Erdenetsogt 솜의 샤타르 촐로Shatar chuluu, 헨티 아이막 돈드 자르갈트Dund Jargalant 강 등 여러 지역에 있는 사각돌널무덤 네 귀퉁이에는 사슴돌을 세워 놓았을 뿐만 아니라 사슴돌을 사각돌널무덤의 벽으로 이용하고, 거기에 새겨진 그림이 안 보일 정도로 박아놓거나 아예 사슴돌을 눕혀 일반 재료 형태로 이용한 경우도 많다.

그 뿐 아니라 시베르팅 암 제2호 무덤을 만들면서는 10기의 사슴돌과 그림이 있는 2개의 판석을 이용하였는데, 그중 4개로는 무덤 외벽(앞쪽 벽과 뒤쪽 벽)을 만들고 6개로는 무덤 안쪽(땅 속)에 있는 관 뚜껑과 벽, 그리고 바닥까지 만들었다. 또한 우부르항가이 아이막 바트 – 을지Bat-Ölzii 솜의 테멩 촐

로니 암Temeen chuluuny am에 있는 사각돌널무덤 모서리에 하나의 사슴돌이 거꾸로 박혀있다. 이러한 사례들을 통해 청동기 시대 말기와 초기 철기 시대에 해당되는 사각돌널무덤 모서리에 청동기 시대 중기에 제작된 사슴돌을 이용하였다고 볼 때 사각돌널무덤 측벽에 사슴돌 그림이 안 보일 정도로 깊이 묻거나, 무덤 묘광 안에 있는 관으로 쓰거나, 또는 거꾸로 세워 박은 것으로 보아 사슴돌을 당해 무덤을 만들 때 재료로 썼다는 결론에 이른다. 이 주장을 거듭 증명해 주는 또 다른 자료는 무덤 측벽과 관에 재료로 이용한 사슴돌이 대부분 파손되어 있다는 점을 들 수 있다.

그랴즈노프M. N. Griaznov, 만나이 – 올M. Kh. Mannai-Ool 등이 러시아연방의 투바에서 조사한 바에 따르면 기원전 8~7세기에 해당하는 아르잔 고분의 호석을 만들면서 사슴돌을 무덤의 재료로 이용하였다는 자료가 있고, 이것과 결부시켜 학자들은 기원전 12~9세기에 몽골과 사얀 알타이 지역에 동물을 양식화하여 표현하는 기법의 여러 특징들이 생겨났다고 보는데, 이는 필자의 의견과 일치한다.

이 문제를 몽골 알타이 산맥의 시베트 하이르항Shivet khairkhan 산에 있는 한 바위그림을 통하여 확실히 살펴보도록 하자.

시베트 하이르항 산의 남쪽 바위에는 길이 150cm로 주둥이를 새의 부리처럼 길고 가늘게 묘사하고, 여러 개의 길쭉한 뿔을 뒤쪽으로 비스듬하게 붙여 허리를 따라 문양같이 그렸으며, 목이 우아하고 길며 키가 큰 사슴을 몽골 및 바이칼 호 남부 지역의 사슴돌에서 볼 수 있는 것 같이 '양식화하여 표현한' 그림이 있다. 이해 사슴은 8마리 늑대가 여러 방향에서 공격하고 있으며, 이 큰 사슴 아래, 뒤, 위에 사슴, 야생염소, 늑대, 개, 말을 타거나 걸어가는 사냥꾼 등 총 50여 개의 형상들을 묘사해 놓았다. 이 그림들 가운데서 말을 타거나 걸어가는 9명의 사냥꾼이 개를 풀어 쫓고 활과 화살로 사슴을 사냥하고 있는 장면이 있다. 그들이 쏜 화살이 몇 개씩 사슴의 등과 허벅지 뒤쪽에 박혀 있는 것이 눈에 띈다. 큰 사슴은 사람, 늑대, 개, 작은 사슴 등과 비교해 보면 13~15배 정도나 된다.

사냥꾼들은 평범한 활과 화살에 커다랗고 끝이 둥근 곤봉, 전투용 도끼 등으로 무장하였으며 버섯 모양의 크고 넓은 모자를 쓰고 있다. 학자들은 이러한 사냥꾼과 전사의 형상들을 청동기의 카라수크 시대, 즉 기원전 12~7세기에 해당하는 것으로 보고 있다. 이 그림은 큰 사슴을 바위 중심부에 가장 좋은 곳에 자리 잡은 다음, 그것을 둘러싸고 사방에 사람과 동물 등 작은 그림을 묘사하였음이 분명하다. 또한 큰 사슴 그림은 쪼아서 표현하였다. 큰 사슴은 양식화하여 표현한 반면 작은 사람, 사슴, 늑대, 개 등의 그림은 사실적으로 표현하였다. 아무튼 대형 사슴을 작은 사람 및 동물 그림들보다 먼저 묘사하였다. 그러나 필자는 큰 그림과 작은 그림 사이의 시기적 차이가 거의 없는 것으로 본다. 어쩌면 통상적이 아닌 (아마도 하늘의) 사슴을 다른 것보다 존중하여 양식화하고 크고 특별하게 표현한 것이 아닌가 한다. 어쨌거나 청동기 시대(카라수크) 바위그림 속 사슴은 사슴돌과 똑같이 사슴을 양식화하여 그렸음이 분명하다.

볼강 아이막 오르홍 솜의 바론 모고이Baruun mogoi, 아르항가이 아이막 바트쳉겔 솜의 후루깅 우주르Khöröögiin üzüür, 우부르항가이 아이막 보그드 솜의 테브시Tevsh 산, 바트 – 을지 솜, 바양홍고르 아이막 자르갈랑트 솜의 보가트Bugat 등 여러 지역에서 발견된 청동기 시대 바위그림에 사슴돌처럼 동물을 양식화하여 그리는 기법이 발견되는 것은 사슴돌의 연대를 앞당길 수 있는 또 하나의 중요한 자료들이다.

사슴돌의 연대를 결정하는 가장 중요한 기초자료는 선돌 위에 새겨진 무기류다. 그것들의 형태와 외관을 상세히 살펴보면 사슴돌이 일부 학자들이 주장한 것보다 상당히 이른 시기에 발생했을 가능성이 있다.

예를 들면 아르항가이 아이막 이흐 타미르 솜 아르츠팅 암Artstyn am의 사슴돌에 새겨진 구부러진 등에 둥근 귀(손잡이)가 달린 칼, 홉스굴 아이막 무릉시 부근 델게르 강 유역, 오시긴 우부르Uushgiin övör, 갈트 솜 소재지, 볼강 아이막 오르홍 솜 소재지 등 몇몇 지역에서 발견된 일부 사슴돌에 새겨진 야생염소나 야수 머리 모양의 손잡이가 있는 단검 등 무기류와 청동기류가 청동기 시대 중기인 대체로 기원전 2000~10000년기에 해당된다는 것은 논란의 여지가 없다.

사슴은 중앙아시아 지역에 널리 분포하며 가죽, 고기, 뿔 등 많은 것을 제공하는 중요한 사냥 동물일 뿐 아니라, 대자연이 선사한 참으로 아름답고 사람에게 어떤 해악도 끼치지 않는 동물이다. 이런 이유로 사람들은 예로부터 사슴을 귀하게 여기고 숭배하여(토테미즘) 돌에 수많은 사슴을 표현해왔다고 할 수 있다.

사슴돌에는 사슴 외에도 금속 무기가 흔히 묘사된 것으로 보아 사슴돌은 금속 무기가 생산에 도입되어 생산력이 더욱 활발하게 발전됨으로써 원시 씨족사회 내부구조(조직)에 획기적인 변화를 가져와 부계사회가 형성된 바로 그 시기에 전사를 위해 세워졌던 기념물이라고 볼 수 있다.

앞서 언급했듯이 사슴돌은 청동기 시대 말기와 초기 철기 시대에 해당되는 사각돌널무덤을 만들 때 선돌을 일반 재료로 널리 이용한 점, 청동기 시대 중기에 해당되는 무기들을 묘사한 점, 전사를 위해 세웠다는 점 등으로 보아, 몽골민족의 고대 역사와 예술과 문화 방면의 경이로운 유적인 이 거석 기념물은 청동기 시대 중기에 탄생하여 초기 철기 시대가 끝날 때까지 제작되었던 것으로 볼 수 있다.

사슴돌의 기원 문제에 대하여 필자의 의견을 개진하기 전에 이 기념물이 도

대체 어디에서 처음 발생하였는가에 대한 일부 학자들의 의견을 소개한다.

먼저 츨레노바는 사슴 형상이 널리 분포된 것을 사카족과 그 집단이 이 지역에 유입된 결과로, 볼코프는 사슴돌을 제작하는 일부 기법이 스키타이인들로부터 몽골에 전파된 결과로, 마나이–올은 몽골에서 투바로 전해졌다고 보고 있다. 필자는 마나이–올의 견해와 같다. 실제로 사슴돌은 청동기 시대 몽골에서 발생하여 투바와 바이칼 호 남부 지역으로 전파되었을 가능성이 있다.

학자들의 연구에 따르면 현재 중앙아시아 지역에 총 800여 개의 사슴돌이 발견된 것으로 보고되고 있으며, 이 중 약 80%가 몽골 지역에 있다. 근년에 수행된 연구 덕분에 몽골 중부 지역에서 청동기 시대 중기에 해당하는 사슴돌의 고형古形이 발견됨에 따라 당해 유물의 분포 범위도 동쪽으로 연장되는 추세다. 하지만 상당수 사슴돌이 초기 철기 시대에 해당된다.

그 밖에 러시아연방의 알타이에서 몇 기, 카자흐스탄, 오렌부르크 주州, 비슈케크 박물관에 단 1기 등, 약 20여 기의 사슴돌이 몽골 알타이 서쪽 지역에서 발견 보고되었으며, 사슴돌과 전체적으로 비슷하게 해, 띠, 선, 무기 등을 표현하였다. 한편 사슴 형상이 전혀 없는 선돌이 북카프카즈의 쿠반 주에서 2기가 발견되었다. 사비노프는 이 둘이 제작 목적의 측면에서 볼 때 사슴돌과 유사할 가능성이 있다는 의견을 제시하였다.

사비노프와 츨레노바 등은 사슴돌이 어떻든 지니고 다닐 수 있는 것이 아니어서, 자기 고향의 상징을 강고하게 기억하는 전사들이 새로 이주한 지역에 세운 것으로 보았다. 이로 미루어 보면 태어난 고향에 수백 기씩 사슴돌을 제작하여 남긴 중앙아시아 유목민들의 일부가 카프카즈, 흑해, 불가리아, 엘바 강 유역까지 진출하여 보통의 비석에 태어난 고향에서 사슴돌에 표현했던 것과 유사하게 일부 기호와 무기류 등을 새겼을 가능성이 있다. 사슴돌의 고형古形이 단지 몽골의 중부 지역에서만 발견되고 있는 것은 바로 이 놀라운 유물이 처음 몽골 중부 지역에서 청동기 시대 중기에 발생하여 초기 철기 시대에 몽골 전역으로 확산되고, 나아가 현재 투바와 바이칼 호 남부 지역까지 널리 퍼진 다음 카자흐스탄, 중부아시아, 오렌부르크 주, 북카프카즈, 엘바 강 유역까지 일부가 전해진 것으로, 정착민들은 많이 제작하지 않은 유목민들의 유산이다.

몽골 알타이의 올롱 구링 골의 영구 동토층에서 발견한 유목민의 고분

몽골 알타이 지역에 있는 초기 철기 시대에 해당하는 수십 개의 유적 가운데 최근에 상세한 조사가 이루어져 새로운 유물이 출토되고, 이에 근거하여 새로운 의견을 개진할 수 있게 된 것이 파지리크 시기 무덤이다.

몽골 알타이와 그것의 연장인 러시아, 중국, 카자흐스탄 알타이에는 기원전 6~2세기에 해당하는 파지리크 문화라는 중요한 문화기가 있다. 파지리크 문화기의 사람들이 유목을 영위하고 있었고, 수공예가 발달하였음은 무덤에서 나온 유물들이 증명한다. 현재 러시아, 몽골, 카자흐스탄 등지의 120여 지역에서 600여 기의 크고 작은 무덤이 발굴 조사되었으며, 알타이 고산의 영구 동토 지대에 위치하는 이들 무덤은 인류의 중요한 문화유산으로 평가받고 있다.

2004년에 필자와 몰로딘V. N. Molodin 등이 이끄는 몽골 – 러시아 공동고고학 조사단은 바양 울기 아이막 올랑 호스 솜의 차강 골Tsagaan gol, 오이고르 골Oigor gol 및 그 지류인 올롱 구링 골Olon güüriin gol(올롱 구르 강), 운헬

첵Ünkheltseg, 돈드 오이고르 골Dund oigor gol, 투구스 홀Tögös khöl 등지에서 지표조사를 실시하여 일부 지역에서 초기 철기 시대의 유목민들이 남긴 무덤들을 발견·조사하였다. 조사단은 이들 무덤과 매장 유적이 기원전 6~2세기에 해당하며, 해발 2,500~2,700m의 영구 동토 지대에 위치하는 고대 유목민들의 무덤으로 보았다. 2004년도의 지표조사 결과 총 16개 지역에서 45기의 무덤을 발견하여 무덤의 분포도를 그렸으며, 2005년도에는 이들 무덤에 대한 물리탐사를 실시하였다. 그 후 2006년도에 발굴 조사를 실시하기로 계획하고 몽골과학아카데미 고고학연구소와 러시아연방 과학아카데미 시베리아지부 고고·민속학연구소, 그리고 독일연방공화국 고고학연구소가 공동 조사를 수행하게 되었다. 이 공동연구에는 고고학자, 지리학자, 동토 연구자, 세포·유전자 연구자, 인류학자, 지구물리학자, 수학자, 복원·보존 전문가, 화가 등 50여 명의 전문가와 학자들이 참가하였다.

몽골 알타이에서 발견한 이들 무덤은 산지알타이 파지리크 고분의 남쪽 지역에 위치한다는 특징이 있다.

올랑 다와 제1호 무덤 발굴 조사

이 유적은 올랑 다와Ulaan davaa라는 산 입구에 있는 바가 오이고르 골Baga oigor gol(바가 오이고르 강) 왼쪽 기슭左岸(세이크 오이고르 골)의 산에서 계단 같이 생긴 작은 언덕段丘에 위치한다. 이 언덕은 러시아연방과 몽골의 국경에서 동남으로 5km 떨어져 있다. 이 유적은 북위 49° 17′ 40.1″, 동경 088° 15′ 20.2″, 해발 2,582m(측정 오차 8m) 높이에 위치한다.

2004년도의 지표조사 과정에서 발견한 제1호 무덤은 타원형이고 납작한 돌로 상당히 평평하게 쌓은 적석이 있으며, 높은 곳에서 볼 때 마치 양의 복

그림 1 올랑 다와 제1호 무덤 전경

사뼈같다는 조사단의 메모가 남겨져 있다.

    2006년 여름에 유적이 발굴을 위하여 현장에 도착했을 때 그곳에서 여름을 나는 유목민이 무덤돌들을 이용하여 가축우리를 지은 까닭에 적석의 처음 형태와 외부 구조가 부분적으로 훼손되어 있었다. 그럼에도 불구하고 이 무덤은 타원형을 유지하고 있었고, 16.5×15m 크기였다. 유목민들은 가축우리를 짓기에 적합한 윗부분의 주로 큰 돌을 이용하고 작은 것들은 남겨두었다. 무덤의 중앙쪽 및 동남쪽, 가장자리 부분에는 큰 돌이, 나머지 부분에는 작고 납작한 돌들이 주종을 이루었다. 특히 무덤의 오른쪽 면에는 작고 납작한 돌이 대량으로 모여 있었다. 그리고 무덤 중앙에 2개는 위에서 포개진 형태로, 2개는 별도로 크고 납작한 돌이 누워있는 형태를 띠고 있었다. 이는 아마도 무덤의 석관일 가능성이 있다.

1차 묘광

발굴은 타원형의 무덤을 17×15m 크기로 줄을 쳐서 4구역으로 나누고 표토와 적석 사이의 흙과 작은 가축의 배설물을 정리한 다음 사진을 찍고 도면을 그렸다. 다음에 가장자리의 원형 테두리 돌 및 경도와 위도에 따라 30~40cm 넓이의 긴 둑을 남기고, 나머지 부분의 적석을 제거하기 시작하였다. 표토를 제거하는 과정에서 무덤 중간에서 작은 가축의 복사뼈와 대퇴골의 부스러기, 회색 빛이 도는 노란색의 잘 구워지지 않은 토기조각 2개가 출토되었다. 그리고 II, IV구역의 적석을 제거하는 과정에서 II구역의 무덤 중간에서 갈고리 형태의 철제품, IV구역에서 작은 가축의 대퇴골과 갈비뼈, 큰 가축의 갈비뼈로 만든 용도를 알 수 없는 뼈 조각, 큰 가축의 등뼈와 어깨뼈, 가장자리의 테두리 돌 사이에서는 회색의 토기편이 각각 출토되었다. I,

그림 2 1차 묘광(적석 제거 전)

그림 3 1차 묘광(적석 제거 과정)

Ⅲ구역의 적석을 제거하는 과정에서는 아무런 물건도 나오지 않았고, 그 대신 후대에 해당하는 작은 가축의 복사뼈, 일부 철제품이 나왔다. 무덤의 중간에서는 어떤 장례의식과 관련이 있다고 볼만한 적석부가 발견되었다.

또한 무덤의 가장자리 테두리, 중앙의 적석부 및 가는 둑을 남기고 나머지 부분에서는 바닥까지 발굴을 진행하여 적석의 두께를 알 수 있게 되었다.

벽의 단면을 통하여 돌의 상태를 보면 다음과 같다.

- Ⅰ구역 남벽은 너비 30~40cm, 높이 50~70cm, 밀도 80%의 적석으로 덮여 있었다.
- Ⅰ구역 동벽은 너비 30~40cm, 높이 40~60cm, 밀도 50%의 적석으로

그림 4 1차 묘광의 중간 적석부

덮여 있었다.
- II구역 서벽은 너비 30~40cm, 높이 40~60cm, 밀도 50%의 적석으로 덮여 있었다.
- II구역 남벽은 너비 30~40cm, 높이 15~25cm, 몇 개의 돌들로 축조되어 있었다.
- III구역 서벽은 너비 30~40cm, 높이 15~20cm, 표층이 촘촘하게 돌들로 덮여 있었다.
- III구역 북벽은 너비 30~40cm, 높이 15~20cm, 몇 개의 덮개돌들로 덮여 있었다.
- IV구역 동벽은 너비 30~40cm, 높이 15~20cm, 표층이 촘촘하게 돌들로

덮여 있었다.

- IV구역 북벽은 너비 30~40cm, 높이 50~70cm, 밀도 90%의 돌들로 덮여 있었다.

그 후 무덤의 경도와 위도의 좌표에 따라 남긴 가는 둑의 단면 사진과 도면을 그려 기록을 남긴 다음, 무덤 중간에서 드러난 적석 주변에 대한 발굴을 수행하였다.

그림 5 1차 묘광의 중간 적석부 발굴 과정

무덤 중간에 누워 있는 4개의 큰 돌 부근에서 나타난 적석 외측에 대한 발굴을 수행해 보니, 무덤 중간에서 서쪽을 향한 타원형 적석이 나왔다. 계속해서 타원형을 따라 외측으로 20~30cm를 더 파보니, 작은 돌을 3~4층으로 겹쳐서 쌓은 적석임이 분명해졌다. 이처럼 층위를 이루어 쌓은 적석이 IV구역에서 분명히 확인되었다.

덮개돌 아래의 중간 부근에는 짙은 갈색의 작은 돌이 있는 토사층이 있었다. 계속하여 서쪽을 향한 타원형으로 층위를 나누어 쌓은 적석 외측을 20cm 정도 파고 들어가자, 돌과 흙이 정돈되지 않은 상태로 섞여 있었다. 이 구역은 푸른빛이 도는 회색과 누런빛을 띠는 돌 부스러기가 있는 토사층이었다.

무덤 중간의 비스듬한 상태의 큰 네모 판석을 드러내자, I구역에 위치하여 겹으로 놓여 있는 판석 밑 10~15cm 깊이에 보존 상태가 나쁜 인골이 출토되었다. 시신의 사지四肢는 처음 위치에 있었지만, 두개골은 IV구역의 다리

쪽에 옮겨져 있었다. 이로 미루어 도굴꾼 또는 설치 동물에 의하여 옮겨진 것으로 보인다. 인골의 다른 부위는 없었다.

팔다리 뼈의 위치로 볼 때 머리를 서쪽으로 향하게 하고 얼굴은 땅을 보게 한 상태로 똑바로 매장했던 듯하다. 또한 무덤을 만들면서 이전에 도굴된 무덤의 돌을 이용했던 것으로 보인다. 이 무덤에서는 어떤 유물도 출토되지 않았는데, 발굴에 참여한 러시아 인류학자는 이 뼈들을 여성의 것으로 확인하였다.

또한 무덤의 동북쪽, 즉 IV구역의 적석(자갈) 아래에서 동북쪽을 향하게 하여 안치한 어린 말의 등뼈가 발견되었으며, 그것에 이어 턱뼈가 서쪽을 향하게 하여 4cm 아래에 놓여 있었다. 이는 말 전체를 대신하여 뼈의 일부를 무덤에 묻었던 것으로 보인다.

그런 다음에 가는 둑과 중간의 적석 아래에 어지럽게 쌓여져 있는 돌을 제거하자 푸르고 밝은 빛깔의 토사 층이 드러났다. 당해 층 위의 중간 부근 전체가 돌이 어지럽게 채워져 있었으며, 중간은 깊이가 70cm였다.

적석들을 완전히 걷어내자, 무덤의 중간 부근의 동북쪽을 향한 북쪽 면의 큰 돌이 있는 나머지 부분에서 작은 돌로 채워진 푸르고 밝은 빛깔의 타원형 형태의 묘광 표식이 드러났다. 무덤 가장자리의 원형 테두리 외에 모든 구역의 덮개돌을 완전히 제거함으로써 1차 묘광에 대한 발굴이 끝났다.

2차 묘광

발굴 구역 중간의 약간 동쪽 면에서 동북쪽으로 60° 기울어진 원형의 묘광이 드러났다. 북쪽 면은 큰 판석, 다른 곳은 작은 돌로 채워져 있었다. 묘광은 푸르고 밝은 빛깔의 돌 같은 토사가 있었고, 다른 곳에는 누런 빛깔의 토사가 있었다. 발굴단은 묘광을 따라 3~4m 크기의 구역에서 발굴을 계속하였다.

그림 6 2차 묘광 발굴

당해 층위의 깊이는 40cm이고, 서북쪽 면 및 북쪽 면에는 큰 돌, 다른 면에는 어지럽게 놓여 있는 작은 덮개돌이 있었다.

3차 묘광

깊이는 80cm이다. 이 층 위에는 크고 작은 돌들이 어지러운 상태로 놓여 있었는데, 이들을 무덤 안에 채워진 돌로 보기는 어려웠다. 토사같은 상태는 발굴하는 데 상당히 큰 어려움이 따랐다. 또한 지표수가 발굴 구역 아래에서 대량으로

그림 7 3차 묘광(발굴 후)

분출하여 발굴 작업에 악영향을 미쳤다.

그 아래로 180cm를 더 파 내려가자 동토층이 나왔다. 이곳은 토사가 돌처럼 언 상태였으며, 아무런 유물도 없었다. 계속하여 동토층 아래로 50cm를 더 파 들어갔지만, 사람의 작업 흔적이 없는 것이 분명해지고 얼어 있는 자연 토사가 나타났기 때문에, 깊이 230cm 지점에서 발굴을 중단하였다.

올롱 구링 골의 제6호 무덤

올롱 구링 골의 상류에 사면이 산으로 둘러싸인 2km나 이어지는 평탄한 계곡 입구와 중간부에 2~4기씩 계단식 언덕 20여 기의 파지리크 무덤들이 있는데, 특정 씨족의 매장지였을 가능성이 높다.

올롱 구링 골의 상류에 북쪽으로 무너져 내린 암벽이 있는 높은 산 남쪽 평탄한 계단식 언덕段丘에 2~3기씩 총 10기의 무덤이 있다. 발굴 조사한 제6호 유적은 바로 이 무덤군의 가장 앞쪽에 있는 것이다. 이 유적은 북위 49° 24′ 50.9″, 동경 88° 19′ 43.0″, 해발 2,555m(측정 오차 6m) 높이에 위치한다. 이 2기의 무덤 남쪽 면에 몇 기의 작은 부속 유구들이 있었음을 알 수 있고, 동남쪽에는 줄돌zel chuluu(늘어선 돌)이 있다.

무덤은 지름 13m로 중간은 돌이 없이 움푹 파인 상태였다. 덮개돌은 크고 작은 크기의 강의 만질만질한 자갈을 사용하였다. 무덤의 덮개돌로 가축우리를 만들었는데, 이 과정에서 중간이 훼손되었거나 도굴 과정에서 교란되었을 가능성이 있다. 이렇게 해서 중간에 지름 3m의 구덩이가 생겼다. 무덤을 14~15m로 줄을 치고, 덮개돌 사이의 흙과 가축 배설물을 제거하고 평면도를 그렸다. 그 다음 경도와 위도에 따라 4개의 구역으로 나누고 덮개돌을 거둬냈다. 덮개돌은 높은 곳이 50cm이고 가장자리는 5~10cm이다.

그림 8 올롱 구링 6호 무덤 전경(적석 제거 전)

덮개돌을 거둬낸 다음 중간에서 중간 규모의 어지럽게 돌을 채워 놓은 움푹 파인 묘광 입구가 나타났다. 묘광의 크기는 320×210cm이다. 묘광 중간에는 크고 작은 돌이 촘촘하게 채워져 있었다. 이 묘광 크기대로 무덤의 서쪽 면을 남기고, 동쪽 면을 아래로 파 내려가 벽의 단면을 만들었다. 그리고 서측 벽의 단면도를 그렸다.

1차 묘광 : 80cm 깊이의 묘광 안에 서쪽에서 동쪽으로 줄지어 확장하여 돌이 채워져 있었다.

2차 묘광 : 90cm 깊이의 묘광 중간에 몇 개의 돌들이 있었다.

3차 굴광 : 100cm 깊이의 묘광 중간 및 서북쪽지점에 몇 개의 돌이 나타났다. 표토 아래로 100cm 파 들어가자, 무덤 중간에서 90×160cm의 묘광이 드러났으며, 이 구역에는 여러 가지 상태로 돌들이 쌓여있었다. 돌은 흑갈색

그림 9 올롱 구링 6호 무덤(적석 제거 후)

토사층과 섞여 있었다. 자갈이 섞인 푸르고 밝은 색의 사토沙土로 묘광을 채웠다. 무덤 안을 채운 돌은 대부분 중간 크기로 타원형의 자갈이었다.

4차 묘광 : 깊이는 120cm이고, 중간 및 북서쪽에 몇 개의 돌이 흩어져 있었다.

5차 묘광 : 깊이는 140cm이고, 몇 개의 돌들이 쌓여 있었다. 남쪽 벽 부근 156cm 지점에서 물결무늬가 있는 삼각형 토기편이, 160cm 지점에서 사람의 어깨뼈가, 165cm 지점에서 사람의 치아가 각각 출토되었다.

6차 묘광 : 깊이는 160cm이고, 묘광 중간 및 남쪽에 돌들이 흩어져 있었다. 묘광의 경도와 나란히 동서쪽 면에서 나무 조각이 출토되었는데, 이는 매장 구조물의 윗부분일 가능성이 있다. 또한 묘광 동북쪽 모서리에서 말의 머리뼈가, 동남쪽 모서리에서 사람의 허리뼈가 나왔다. 그리고 173cm 지점의 동북쪽 벽 부근에서 4개의 숯 찌꺼기가 나왔다. 계속해서 말 머리뼈가 나온 곳의 북쪽 벽을 옆으로 파 들어갔다. 묘광은 푸르고 밝은 빛깔의 작은 자갈과 토사층이었다. 묘광 크기는 250×300cm 정도로 커졌다.

7차 묘광 : 깊이는 180cm이다. 무덤에 말을 통째로 부장하였으며, 뼈의 보존 상태도 양호하였다. 이 말은 목관木棺 북쪽에 머리를 동쪽을 향하게 하고 사지를 구부려 양같이 눕히고 코를 땅에 닿도록 하였다. 말 머리 부근에서 철제 재갈과 보존 상태가 나쁜 철제품의 잔해, 목관 머리의 동북쪽 벽 부근에서 철제 장신구 조각, 말의 몸통 부근에서 목제품이 각각 출토되었다. 목관의 뚜껑은 상대적으로 큰 4개의 두꺼운 목판을 이용하여 세로로 덮도록 되어 있었는데, 현재는 단지 다리 쪽에만 남아 있다. 이들 뚜껑은 다리 쪽에서 위로 튀어나온 데 반하여, 중간 및 머리 쪽은 도굴 과정에서 파손되어 무덤 내부에 돌과 흙이 채워져 있다. 뚜껑은 보존 상태가 나빠 규모를 완전히 측정할 수가 없었다.

8차 묘광 : 깊이는 190cm이다. 목관 북쪽 면에 부장한 말뼈를 완전히 거둬냈다. 도굴꾼들은 말뼈를 전혀 건드리지 않았다. 목관 윗부분의 뚜껑을 열고 관 내부를 깨끗이 청소하였다.

9차 묘광 : 깊이는 210cm이다. 도굴 과정에서 들어간 목관 내부의 흙을 깨끗하게 제거하고 보니, 인골이 어지럽게 흩어진 상태로 있었다. 죽은 이를 어느 쪽을 향하게 하여 안치하였는지는 분명하지 않고, 뼈도 대부분 사라졌으며, 일부만이 목관 남쪽에 여기저기 흩어져 있었다. 인골의 보존 상태는 보통이다.

10차 묘광 : 목관의 길이는 220cm이고, 폭은 머리 부분이 130cm, 다리 부분이 115cm 크기다. 가장 아랫부분의 2개의 긴 통나무의 양 끝 윗부분에 홈을 파고 그 위에 짧은 가로대를 놓고, 다시 같은 방법으로 나무를 얹은 방식

그림 10 1차 굴광 내부

그림 11 2차 굴광 내부

그림 12 3차 굴광 내부

그림 13 4차 굴광 내부

그림 14 5차 굴광 내부

그림 15 6차 굴광 내부

그림 16 묘광 내부의 목관 잔해

그림 17 묘광 내부의 목관 잔해

그림 18 묘광 내부의 목관 잔해

그림 19 묘광 내부의 목관 잔해

으로 모두 다섯 겹을 쌓아 관을 만들었다. 관을 만들면서 둥근 목재를 네모로 잘라 통나무 모양이 되게 하였다. 긴 통나무의 너비는 15~35cm, 짧은 가로 대는 14~17cm 크기다. 관 바닥은 너비 20cm 정도의 판자 5개를 이용하여 만들었으며, 다리와 머리 부분에 각각 1개씩, 중간에 3개의 둥근 통나무를 이용하여 받침목을 만들었다. 무덤을 도굴하는 과정에서 바닥 남쪽의 2개의 판자를 위에서 열어 동북쪽에 포개놓았다.

11차 묘광 : 바닥의 판자를 드러낼 때 그 아래에 있는 받침목 사이에서 사람의 허리뼈, 가슴뼈, 어린이의 뼈 일부 그리고 가죽 집에 든 목제 빗 등이 출토되었다. 이로 미루어 이곳에 여자를 아이와 함께 매장했을 가능성이 있다. 아랫면 판자를 따라 관의 북쪽 부분이 동결되어 있었다. 계속하여 매장 유구를 완전히 제거하고 270cm에 이르자, 자연 상태의 흙이 나타났으며, 그에 따라 발굴을 멈추고 판 곳을 메워 복원하였다.

출토 유물

마구馬具

재갈 : 철제 재갈은 끝에 고리가 달려 있고, 또한 고리로 연결되어 있다. 한쪽 길이는 11.2cm, 고리의 지름은 3.3cm, 반대편의 길이는 11.8cm, 고리의 지름은 3.3cm이다.

직물織物 : 부장한 말 머리 오른쪽에서 목재와 식물(천)을 직조하여 만든 조각품들이 상당히 출토되었지만, 보존 상태가 나빠 그것이 무엇인지 알 수 없었다.

용기容器

토기 편① : 회색 토기 편으로 크기 4.1×2.8cm, 두께 0.8cm이다.

토기 편② : 적갈색 토기의 구연부口緣部다. 크기는 5.2×4.3×0.9cm, 두께는 0.7cm이다. 구연부를 따라 가는 선이 시문되어 있고, 그것과 사선斜線으로 교차시킨 짧은 장식 문양이 있다. 짧은 선 문양의 길이(1.3cm)와 간격(1.1cm)은 균일하다.

토기 편③ : 흑갈색의 삼각형 토기의 구연부다. 토기는 구연부를 크게 만든 것이 분명하다. 구연부에서 아래로 1cm 사이를 두고 너비 1.3cm 정도 튀어나오게 하여 붙인 진흙 위에 짧은 수직선 문양을 균일하게 넣었다. 크기는

8×8cm, 5×0.8cm이다. 묘광 동쪽 벽 부근의 6차 묘광에서 출토되었다.

토기 손잡이 조각 : 회색 사질토로 만들었다. 반원형으로 길이 3.4cm, 지름 1.5cm이다. 무덤 적석부 아래에서 출토되었다.

목제 용기의 다리 : 묘광의 동남쪽(11차 묘광)에서 목제 용기의 다리 1개가 출토되었다. 윗부분은 타원형이고 아랫부분은 둥근 형태로 길이 8.8cm, 지름 4.5cm이다. 다리를 용기의 몸통과 함께 깎아 만든 상태다. 용기 아랫 부분의 두께는 1.1cm이다.

목제 용기 조각 : 크게 부서진 목제 용기 조각들이 6차 묘광에서 출토되었다.

장신구

목제 문양 : 6.9×1.2×0.4cm 크기의 가는 목제 문양 조각이다. 가로로 2개의 가는 선 문양으로 경계를 만들어 세 부분으로 균등하게 나누었다. 각 부분에는 불균형한 사선으로 선 문양을 만들었다.

목제 빗 : 손잡이 길이 15cm, 너비 1.4cm, 두께 1cm 크기다. 빗의 손잡이인 가는 나무의 두 끝 부분을 제외한 나머지를 세로로 나누어 평평하게 하고, 거기에 평균잡아 길이 4.5cm, 너비 0.3~0.4cm 크기의 22개의 이(빗살)를 끼워 넣어 만들었다. 이(빗살)의 뿌리(밑둥)에는 작고 납작한 나무를 겹쳐놓았다. 빗의 전체 길이는 10cm이다.

기타 유물

천 조각 : 6차 묘광에서 황색의 거친 천 조각들이 출토되었는데, 이들이 과연 어떤 물건의 흔적인지는 분명하지 않다.

목제품 : 발굴 과정에서 여러 가지 형태의 용도를 알 수 없는 목제품 조각들이 상당히 많이 출토되었다.

올롱 구링 골 제7호 무덤

올롱 구링 골 제6호 무덤에서 동북쪽으로 150m 떨어진 곳에 2기씩 모두 6기의 무덤이 있다. 이들 무덤 가운데서 가장 동쪽 가장자리에 제7호 무덤이 자리한다. 유적은 북위 49°24′52.4″, 동경 88°19′44.8″, 해발 2,559m(측정 오차 5m) 높이에 위치한다.

 이 무덤은 지름이 6.50m의 원형이다. 무덤 동쪽 면에는 돌이 많고, 나머지 부분에는 적었으며, 서쪽 및 남쪽 부분의 원형 테두리는 파괴되어 원래의 모습을 잃었다.

 조사단은 무덤을 완전히 포함하는 7×7m의 줄을 치고 표토를 제거한 다음, 사진을 찍고 도면을 그렸다.

 그 다음에 너비 3.5m의 서쪽 부분을 남기고, 동쪽 부분의 적석을 제거하여 서쪽 벽의 단면도를 그렸다. 벽면 높이는 중심부가 50cm였다. 이어 서쪽 면의 적석을 제거하다가 7cm 깊이의 북쪽 벽에서 250cm, 서쪽 벽에서 270cm의 바닥이 납작한 회색 토기를 발견하였다. 또한 적석을 제거하는 과정에서 작은 가축의 대퇴골이 나왔다. 다른 출토품은 없었다.

 적석을 제거한 후에는 이곳에 어떠한 다른 매장 구조물도 없다는 것이 확인하고 자연 상태의 토사층이 나왔기 때문에 발굴을 중단하였다.

 올롱 구링 제7호 유적의 외부 구조, 출토된 토기 등으로 미루어 잠정적으로 이 유적을 흉노 시대의 제사 유적으로 추정하였다.

출토 유물

토기

황색 진흙을 0.8cm 두께로 성형하고 구워서 만들었다. 겉면은 회색빛이 도

그림 20 올롱 구링 제7호 무덤 전경(적석 제거 후)

는 누르스름한 색이고, 안쪽은 검게 그을린 상태로 출토되었다. 구연부가 크고 목이 거의 없으며 어깨가 튀어나왔다. 그 아래로 바닥에 이르기까지 비스듬하고 밑이 납작한 형태의 토기다. 토기 옆면 세 부분에 2개씩 마주보고 6개의 구멍이 있으며, 높이 21cm, 바닥 지름 10.7cm, 구연부 지름은 14.4cm이다.

올롱 구링 제10호 무덤

이 무덤은 올롱 구링 골 상류 부근의 삼면이 산으로 둘러싸인 계곡 중간 부분의 강 북쪽 평평한 단구에 있는 올롱 구링 골 제7호 무덤 앞쪽 808m 지점에 위치한다. 이 매장지 중간 부분에는 서쪽에서 동쪽으로 거의 줄지어 연결되어 있어 마치 한 가족처럼 보이는 규모가 서로 다른 3기의 무덤이 있는데, 조사단이 발굴한 제10호 무덤은 이 가운데서 가장 서쪽에 있는 것이다. 무덤은 북위 46° 24′ 26.2″, 동경 88° 19′ 59.8″이고, 해발 2,553m(측정 오차 5m)에 위치한다.

이들 3기의 무덤 서북쪽 70m에 2~3m 크기의 원형 부속 구조물이 3기가 있고, 서쪽 무덤에서 동남쪽으로 줄지어 세운 5기의 줄 돌이 있는데, 이중 4기는 서 있고 1기는 무너진 상태다. 줄 돌 사이의 간격은 2~2.5m, 높이는 15~40cm이다.

이 무덤은 원형이고 안쪽이 약간 내려앉았으며, 중간이 눈에 띨만큼 불룩하다. 가장자리 테두리 부근에는 대부분 큰 돌, 나머지 부분에는 작은 돌들이 주를 이루고 있다. 이는 그곳 거주민들이 가축우리를 지을 때 큰 돌과 작은 돌은 이용하지 않고 방치한 결과로 보인다. 무덤 동쪽 테두리는 약간 무너져 돌들이 살짝 바깥쪽으로 흩어진 상태다. 무덤은 위치에 따라 다르지만 평균 11m 크기였다.

발굴 순서에 따라 조사단은 12×12m 크기로 구역을 설정하고 표면을 정리하고 사진 촬영과 도면을 그린 다음, 무덤 서쪽 면을 남겨 벽의 단면을 낼 목적으로 동쪽 면 적석을 거둬냈다. 적석을 제거하는 과정에서 북벽에서 179cm 떨어진 곳의 20cm 깊이에서 작은 가축의 갈비뼈, 중간 부근에서 작은 가축의 대퇴골 등이 출토되었다. 또한 중간에서 목제 조각이 출토되어 이를 기록하고 측정해보니 50cm 깊이에 있었다.

중간에서 60cm 지점에서 밝은 빛깔의 묘광 표식이 나타났다. 무덤 동쪽 면의 돌들을 완전히 제거한 다음 측정을 실시해보니 중간은 파여있으며 깊이가 70cm이고, 가장자리 테두리 부근은 30cm였다. 묘광의 표식은 경도에 따라 밝고 푸른 빛깔의 삼각형으로 3m였다. 또한 서쪽 벽 단면으로 미루어 보

그림 21 올롱 구링 제10호 무덤 발굴 광경

아 돌들은 많지 않고 흑갈색의 토사가 주를 이루고 있었다.

무덤의 원형 테두리는 안쪽 면의 적석을 완전히 제거하자 무덤 중간에서 동남쪽으로 무덤 중간에서 확장된 상태로 280×250cm 크기의 밝고 푸른색의 묘광 표식이 더욱 분명하게 드러났다. 또한 무덤의 원형 테두리 안쪽에는 서북쪽에 1개, 북쪽에 2개의 납작한 돌을 세워놓았다. 묘광을 푸르고 밝은색 진흙으로 채운데 반하여 나머지 부분은 흑갈색 토사였다.

묘광의 표식이 드러난 280×250cm 구역에서 계속 파 들어가자 동쪽 면 b80cm 깊이에서 검은 펠트가 나오고, 그 아래에서 동남쪽을 향해 안치한 말의 머리뼈, 허리뼈 등이 나타났는데 이는 부장한 말임이 확인되었다.

깊이 110cm에 이르자 서북쪽을 향해 있는 목제 관 뚜껑이 드러나기 시작하였다. 이곳에서 280×250cm 크기의 구역을 정리하자 두꺼운 나무를 세로

그림 22 올롱 구링 제10호 묘광 겉면

로 맞춰 제작한 보존상태가 좋은 관 뚜껑과 그것을 완전히 덮은 것으로 보이는 검정색 펠트 조각이 함께 출토되었다. 목제 구조물 동남쪽 모서리 위의 검정색 펠트 아래에서는 선문양으로 장식되고 안쪽에 펠트 쿠션이 있는 목제 방패가 출토되었다.

그림 23 올롱 구링 제10호 무덤 목관 뚜껑

통나무 구조물 동쪽 면에는 묘광의 두 벽 사이에 2마리의 말머리를 동남쪽을 향하게 나란히 하여 안치해 놓았다. 이 과정에서 첫 번째 말의 엉덩이 위에 두 번째 말의 머리를 받쳐놓았다. 무덤에 배장한 2마리 말과 함께 통나무 구조물 위에서 철제 재갈, 목제 재갈, 상아 모양의 목제 펜던트 18점, 보존상태가 나쁜 펠트제 안장 등이 출토되었다. 부장한 말 위의 다른 부위의 털과 부드러운 물질(유기물)은 얼어 있었다.

이렇듯 잘 보존된 유물 및 흙의 습도와 견고성 등을 고려하여 언 흔적인지 아닌지를 측정한 결과 영구 동토층으로 확인되었다.

묘광 표식이 나타난 층위에서 발굴을 계속 하다가 공간이 좁아 무덤 안의 목제 구조물 측면으로 자유롭게 들어가 작업할 수 있을 만큼 세로로 320cm, 가로로 340cm 정도로 확장시켰다. 목제 구조물의 상부를 깨끗하게 정리한 다음 측면으로 발굴을 계속해나가자 말 머리 맞은편 동남쪽 구역에서 몽둥이가 출토되었다. 또한 서남쪽 목제 구조물 바닥에서 염소 뿔 하나가 나왔다. 목재 구조물 바깥에는 밝은 색 진흙과 안에는 만질만질한 자갈들이 채워져 있었다.

130~140cm 지점에서 영구 동토층이 나타났다. 그러면 작업 시간이 오래 걸리기 때문에 유물이 파손되고 원래 모습이 훼손되는 것을 차단하기 위한 여러 가지 조치를 취하였다.

목제 구조물의 크기는 180×180×240cm, 높이는 98×86cm이다. 전체적인 구조를 보면, 가장 두꺼운 통나무를 가로로 놓고 그 위에 긴 통나무를 결합시킬 부분의 양쪽에 홈을 내어 조립하였으며, 한쪽에 3개씩 모두 12개의 통나무를 이용하여 제작하였다. 그리고 평균 지름이 16cm인 6개의 통나무로 뚜껑을 만들어 덮었다.

관 뚜껑을 열어 보니 시신은 남쪽 벽을 따라 서쪽으로 비스듬히 눕힌 상태로, 다리는 무릎으로 구부리게 하고 두 팔은 무릎 쪽으로 뻗은 상태였다. 머리는 동남쪽을 향하게 하고 얼굴은 위쪽을 향하게 하였으며, 머리 밑에 침목

그림 24 올롱 구링 제10호 무덤 목관 내부

枕木을 놓았다. 또한 판자 바닥을 어두운 색 펠트로 덮고 그 위에 마멋marmot 가죽으로 만든 옷을 입히고, 목이 긴 가죽 신발을 신긴 주검을 그가 사용했던 다른 물건들과 함께 매장하였다.

목제 구조물 내부 공간은 얼음이 어는 과정에서 관 바닥 중간이 활처럼 같이 위로 솟아 올랐기 때문에 일부 유물들이 약간씩 움직인 상태였고, 주검은 남쪽 벽에 허리를 기대고 있었다. 한편 마멋 가죽 아래에서 끄트머리에 창끝을 본떠 만든 가는 나무가 돌출되어 있는 것은 아마도 무기일 것이다. 주검의 머리 쪽에는 관 벽면을 따라 목제 용기, 적갈색 토기를 나란히 두었지만 훼손되었다. 위의 두 용기 맞은편에서는 뿔로 만든 용기, 4개의 다리가 달린 목제 용기, 그 안에 작은 가축 등뼈, 철제 칼이 함께 출토되었다. 또한 여기에서 원형의 펠트 고리가 출토되었는데 이는 목제 용기 및 토기 밑받침으로 사용한 것으로 보인다.

한편 두개골은 얼굴 부위가 함몰되었으며, 손가락뼈는 떨어져 나갔다. 다른 부위의 뼈는 살과 함께 수축되어 미라 상태였다. 머리 부근에는 목제로 새 부리 모양이 조각된 꼭대기가 긴 펠트제 모자, 사슴 및 망아지 모습이 묘사된 목제 장신구, 노란색의 얇은 금속 제품, 문양이 조각된 목제 장신구 조각 등 모자에 붙인 장신구들이 출토되었다. 시신의 가슴 위에서는 목에 걸었던 것으로 보이는, 앞쪽을 보고 으르렁거리고 있는 2마리의 야수가 묘사된 목제 장신구와 금속 제품 조각, 허리 부근에서는 피라미드 모양의 목제 단추와 둥근 장신구들, 무늬가 들어간 목제 버클이 출토되었다. 주검의 허리와 목제 관의 벽 사이에서는 검정색 가죽으로 덮은 활과 5개의 화살대가 같이 있었다. 그리고 활 위에는 황적색의 술이 달린 펠트제 자루, 아래쪽에는 구멍이 있는 사각형의 목제 활 고정 장치가 있었다. 여기에서는 또한 둥근 펠트제 고리, 동물 모양이 조각된 목제 장신구 조각들, 원추형 장신구, 무늬가 들어간 사각형 장신구가 각각 출토되었다. 주검을 입고 있던 옷과 함께 훼손시키지 않은 채 살펴보니, 주검의 무릎 부근에서 나무 자루에 철제 머리로 된 전투용 도끼, 펠트제 거울집과 청동 거울, 목제 칼집과 철제 칼 등이 출토되었다.

발굴 과정에서 목제 구조물 내부에서 상당량의 펠트 및 양모 조각이 나왔다. 특히 주검을 안치한 벽면을 따라 안쪽에서 펠트를 펴서 겹쳐놓은 상태였다.

관 안은 107×102×160cm, 높이는 50×45cm이다. 맨 아래쪽에 2개의 가로대를 'L' 자형으로 만든 다음 그 위에 가는 막대기를 세우고, 그 아래에 세로로 5개의 판자(너비 20cm 정도)를 앞쪽으로 눌러 바닥을 만들었다. 210cm에서 목제 구조물을 완전히 거둬내는 것으로 발굴을 끝냈다.

출토 유물

용기

목제 용기A : 나무뿌리를 파서 만든 바닥이 둥글며 회색빛을 띤 누런 목제 용기다. 안쪽은 짙은 갈색으로 변하였다. 가장자리 부분은 나무의 마디에 따라 떨어져 나가고 바닥만 온전하게 남았다. 타원형에 가깝고 크기는 11×11.8cm, 두께는 0.3×1.8cm이다. 떨어져 나간 부분이 많아 전체를 설명하기는 어렵다.

그림 25 뿔 용기

뿔 용기 : 야생양의 뿔 아래쪽 뭉툭한 부분을 이용하여 만들었다. 뿔을 세로로 잘라 펼쳐서 내측과 외측을 깨끗하게 한 다음 나머지 부분으로 모양을 만들고, 양쪽 끝을 겹쳐서 촘촘히 구멍을 내었으며, 가는 가죽으로 꿰매 만든 것으로 보인다. 바닥 부분을 또한 돌아가며 구멍을 내고 꿰맸는데, 모두 부서져 떨어져 나가고 뿔과 펠트 조각들만 남았다. 용기의 중간 부분을 손으로 잡을 때 편리하게 하였다면, 바닥과 주둥이 부분은 약간 넓게 만들었다. 이 용기는 높이 20.3cm, 주둥이 부분의 지름은 13cm, 중간 부분의 지름은 7.4cm, 바닥 부분의 지름은 8.6cm이다. 세워진 상태로 있었기 때문에 바닥과 주둥이 부분의 일부가 사선 모양으로 부서졌다.

목제 용기B : 타원형의 납작한 목제 용기다. 타원형 나무를 돌아가며 대략 1.2cm 너비로 가장자리를 반질반질하게 하여 남기고, 나머지는 모두 약간씩 파서 만들었다. 크기는 43×54cm로 바닥은 원형이고, 4개의 다리가 있다. 목제 용기 바닥 부분의 네 구석에 조그마한 네모 구멍 4개를 내고 다리

그림 26 목제 용기

를 끼워 넣었다. 다리는 대략 지름 3cm, 길이 10cm(전체 길이는 11.5cm) 크기로 만들었다. 목제 용기의 다리는 모두 떨어졌으며, 다리 하나는 끝 부분이 부러졌다.

토기 : 토기를 불안전하게 구워 만들었다. 안쪽은 검정색 진흙으로 만들고, 바깥쪽은 붉은색 진흙을 붙여 만들었다. 구연부는 넓고 짧게 하여 어깨와 옆면을 불룩하게 하고, 바닥은 좁으며 평평하고 납작한 받침대가 있는 '포도주 병' 모양의 토기다. 토기의 높이는 37cm, 바닥의 지름은 11.2cm, 구연부 지름은 10.2cm이다.

무기

철제 칼 : 전체 길이는 13.8cm이다. 네모진 형태로 칼날 끝 부분은 상당히 닳은 듯 비스듬하고(너비 1.1cm), 칼날 중간 부분에서 목 부분까지는 곧은 형태(1.9cm)이다. 손잡이의 길이는 4.3cm, 너비는 1.6cm이다. 보존 상태는 중간 정도인데 녹이 슬어 두께를 측정할 수 없었다.

전투용 도끼 : 이 도끼는 자루가 나무이고 머리가 쇠로 되어 있다. 16.5cm 크기의 쇠 부분은 한쪽 끝이 가늘고 납작한데 반하여, 다른 쪽 끝은 뾰족하다. 전투용 도끼의 자루 끝에는 홈을 파서 창 끝 부분 같이 만들었다. 나무 자루 부분은 지름이 2.5cm, 길이가 60cm이다. 철제 머리 부분은 약간 녹슨 것 말고는 보존 상태가 매우 좋은 편이다.

목제 활통 : 길이 60cm, 너비 2.5cm이고, 한쪽 면을 비스듬하게 다듬었다. 활통 나무 부분 양 끝은 가늘게 하였는데, 넓은 부분은 약간 구부러진 형

태다. 넓은 부분에 2개씩 6cm 간격으로 13개의 구멍을 내었다. 그 외측을 가죽이나 펠트 및 천으로 외피를 만들고 안쪽에 화살을 보관했던 것으로 보인다.

그림 27 전투용 도끼

화살대 : 5개의 화살대가 출토되었다. 크기를 온전히 파악할 수 없다. 화살대에는 촉이 없었으며 한쪽에는 홈이 있었다.

철제 칼 : 목제 칼집이 있는 철제 칼이다. 다만 한쪽 면에만 집이 있다. 목제 칼집을 칼날의 크기에 맞춰 만들었으며, 2곳에 각각 2개의 귀를 내고 끝 부분을 넓은 타원형으로 만들었다. 목제 칼집 위쪽의 2개의 귀 안쪽 면은 네모 칼자루가 들어가도록 만들었다. 칼은 반듯하고 양쪽에 날이 있으며, 자루가 있고 끝이 뾰족하다. 칼날 길이는

그림 28 목제 활통

그림 29 철제 칼

13cm, 너비는 목 부분이 3cm, 자루 부분이 0.6cm, 손잡이 길이는 10cm, 너비는 1.7cm이다.

방패 : 21×32.7cm 크기의 사각형으로 짧은 면의 한쪽 모서리가 비스듬한 형태다. 직사각형 목제 방패의 맞은편 두 모서리를 두 부분으로 나누어 한쪽 면의 삼각형 모서리를 따라서 가는 선을 내었으며, 다른 쪽의 삼각형 모서리

그림 30 목제 방패   그림 31 방패 쿠션

에 사선을 새겨놓았다. 이 유물은 나무 마디에 따라 떨어져 나갔고, 일부 끝부분도 약간 부서진 데가 있다. 보존 상태는 중간 정도다.

방패 쿠션 : 30×22×14cm 크기로 회색 펠트를 이용하여 만들었다. 테두리 부분은 썩어 훼손되었다. 한쪽 모서리 측면 가장자리에 비스듬한 연결 부위가 있는 삼각형에 끼워 넣은 것이 있다. 그 옆 가장자리로 삼각형의 하얀 펠트를 연결시켰고, 주둥이 위로는 회색빛 도는 누런색의 양모로 꼬아 꿰맸다. 테두리를 연결하여 꿰맨 하얀 펠트 위 측면을 붉은 천으로 장식하였다.

활집 : 활의 윗부분에 씌워서 사용하는 것이다. 윗부분은 닫혀있고 아래 부분은 열려 있으며, 삼각형이다. 한쪽을 붉은색, 다른 쪽을 노란색 펠트로 만들었다. 노란색 테두리 가장자리를 황회색 실로 휘감아 꿰맸다. 꼭대기에 1개, 양쪽에 1개씩 각각 4개의 술 장신구가 있다.

그림 32 활

활 : 길이는 120cm 정도다. 활의 몸체는 나무로 만들고, 겉을 얇은 가죽으로 덮었다. 머리 부분은 구부러진 형태이지만 끝 부분은 반듯하다.

모자 : 꼭대기가 가늘고 높은 펠트제 모자다. 윗부분에 앞을 향한 가늘고 뾰족한 부리를 가진 목제 새 머리 장식이 붙어 있다. 양쪽에 삼각형의 귀마개가 달려 있다.

모자 장식 : 망아지A와 망아지B로 나눌 수 있다. 망아지A는 앞뒤 두 다리를 떨어지지 않게 가는 받침대 위에 고정시키고, 머리를 끌어당기고 서 있는 모습이다. 받침대 길이는 6.7cm, 높이는 몸통 부분이 5.1cm, 머리 부분이 7.1cm이다. 망아지를 능숙하게 조각하였다. 망아지의 꼬리는 없으며, 이마 부위에 2개의 작은 구멍을 내어 가죽 조각으로 귀를 만들어 붙였다.

그림 33 펠트제 모자

망아지B는 이 망아지는 네 다리를 각각 별개로 조각하였다. 3개의 다리는

그림 34 모자 장식(망아지)

그림 35 바지

그림 36 가죽 신발

부러졌으며, 발굽을 뚜렷하게 표현하였다. 또한 위의 망아지같이 머리를 안으로 끌어당기고 서 있으며, 꼬리는 없었다. 주둥이는 둥글게 묘사하였다. 키는 몸통 부분이 5.5cm, 머리 부분이 7.4cm이다.

바지 : 결이 거친 천으로 만든 짧은 바지다.

목이 긴 가죽 신발 : 목이 무릎을 덮는 모습이고, 정강이뼈 아래 부분을 붉은 색 천으로 감싸는 상태로 신었던 듯하다.

델 : 가죽 델이다. 양, 흑담비, 토끼, 다람쥐 가죽과 말 털 등을 재료로 사용하였다.

옷 장신구 : 총 10개가 출토되었다. 한 면은 납작하고 평평하게 다듬었고, 다른 면은 둥글게 만들었다. 7개의 목제 장신구의 한쪽 면은 끝을 뾰족하고 가늘게 다듬고, 나머지 3개는 비스듬하고 평평하게 다듬었다. 10개의 목제 옷 장신구 중 가장 작은 것은 0.6cm, 큰 것은 1.6cm, 짧은 것은 5.2cm, 긴 것은 11.7cm이다.

삼각형 장신구 : 모두 8개의 납작한 삼각형의 목제 물품으로 모자에 빙 둘러 붙인 장신구인 듯하다. 가장 큰 것은 1.9×4cm이고 작은 것은 1.3×3.6cm이다. 삼각형 장신구 중간 부분의 양쪽 가장자리에 작은 구멍을 내어

그것을 통하여 모자에 실로 고정시켰던 듯하다.

원추형 장신구 : 나무로 만든 원추형 장신구 5개가 출토되었다. 가장 작은 것은 0.7×1.7cm이고, 큰 것은 0.9×2.2cm이다. 끝 부분에 구멍을 뚫고 실어 엮어 붙였다.

원형 장신구 : 나무를 가로로 절개하여 만든 사다리꼴의 목제 장신구 4개가 출토되었다. 그중의 하나는 중간 부분이 부러졌다. 가장 작은 것은 타원형이고 지름이 2×2.3cm, 가장 큰 것은 2.4×2.5cm이다. 모두 가운데에 구멍을 뚫었으며, 구멍 지름은 대략 0.3cm이다. 꼭대기 부분을 모두 평평하게 다듬었다.

사각형 장신구 : 옷에 붙이는 사각형 목제 물품 3개가 출토되었다. 첫 번째 것은 4.8×4.3cm, 두 번째 것은 4.6×4.3cm, 세 번째 것은 4.6×4.2cm 크기다. 바로 이들 3개의 물품 네 면에 대략 0.5cm 너비의 코를 남기고, 그 위

그림 37 가죽 델

그림 38 원형 장신구

그림 39 원추형 장신구

반대편에 위치하는 양면을 가로 또는 빗금 형태로 두드러지게 파서 표현한 문양 장식을 하였다. 이 선 문양 안의 네 면에는 가는 고랑이 있다. 이 고랑 반대에 위치하는 양면 중간 부근에 2개의 작은 구멍을 뚫었다. 고랑 안쪽에 또한 0.3~0.5cm 너비의 아무 것도 없는 코를 남겼다. 맨 안쪽을 전체에 걸쳐 평평하게 코 바닥 부분의 높이로 다듬었다.

사각형 허리띠 장신구 : 목제 사각형 허리띠 장신구 2개가 출토되었다. 첫 번째 것은 5.5×10.5cm이다. 앞면 바깥쪽 사면에 0.5×0.8cm 너비로 두드러지게 파서 가로로 선 문양을 장식하고, 안쪽은 가는 선으로 나누어 다시 바깥의 가로 문양을 따라 안쪽에 가로 문양을 만들었다. 중간 전체를 파서 평평하게 다듬었다. 중앙 부근에 2개의 작은 구멍을 내었다.

두 번째 것은 4.8×10.5cm이다. 형태와 문양은 같고, 앞면의 오른편에 0.8×1cm 크기의 사각형 구멍이 있다.

원형 장신구 : 원형 장신구 7점이 출토되었다. 4점은 꼭대기가 둥글고 3점은 평평하다. 지름이 가장 작은 것은 2.2cm이고, 가장 큰 것은 4.4cm이다. 원형 장신구들의 중간에 구멍을 만들었다. 구멍 크기는 서로 다르다.

옷 장신구 : 총 모양의 목제 장신구 2점이 출토되었다. 바닥 부분의 지름은 1.8cm, 윗부분은 0.8cm이다. 밑받침은 납작하며, 꼭대기 부분은 돌아가며 홈을 파고 작은 머리를 만들어 그곳에 구멍을 내었다. 장신구 하나는 머리 부분이 부러졌다.

옷 장신구 편(목제) : 4점은 사각형, 1점은 타원형인 옷 장식품 출토되었다. 무엇인지 분명하지 않다.

고삐 줄 조각 : 약 20cm 길이의 회색빛이 도는 누런색 양모를 꼬아 만든 고삐와 누르스름한 양모로 만든 고삐가 각각 출토되었다.

장식품

청동 거울 : 펠트제 집이 있고 크기는 9.2×7.6cm이다. 펠트제 집의 한쪽 면을 양쪽에서 삼각형으로 만들고, 반대편을 둥글게 하여 가는 가죽으로 청동 거울의 손잡이와 함께 겹쳐서 꿰맸다. 아래쪽 삼각형 부분은 열려 있다.

목제 빗 : 3.2×3.5cm 크기다. 양 옆 어깨 부분은 약간 둥글고 반달 모양이다. 목제 빗의 거의 절반에는 1.2~1.6cm 길이의 빗살이 있다. 이는 가죽으로 만든 빗 집, 둥근 목제 단추 등과 함께 출토되었다.

목제 사슴 : 7.2×6.2×9cm이다. 놀란듯 움츠린 모습이며, 목을 뒤로 하고 머리를 들어 살짝 동쪽을 보고 서 있는 상태를 받침대 위에 표현하였다.

목제 늑대 장신구 : 누워있는 모습으로 앞을 향하여 입을 크게 벌리고, 두툼

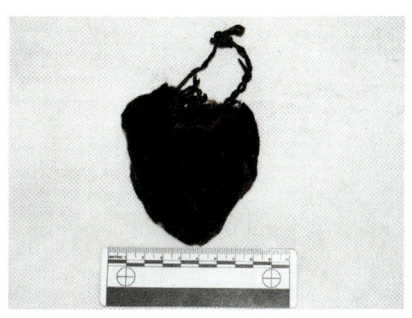
그림 40 청동 거울

그림 41 목제 빗

그림 42 목제 사슴

그림 43 목제 늑대 장신구

한 이를 드러내며 으르렁거리고 있는, 툭 튀어나온 눈과 갈기가 있는 2마리 늑대를 표현한 것이다. 꼬리는 사각형으로 가늘고 길게 만들고, 그 사이에 엇나가게 맞춰 구멍을 내었다.

마구

장신구 : 종鐘 모양의 목제 장신구 2점이 출토되었다. 형태와 크기는 같다. 바닥은 1.5cm이고 끝 부위의 지름은 0.8cm, 길이는 5.5cm이다. 밑 부분은 납작하며 끝 부분은 돌아가며, 홈을 내고 작은 머리를 만들어 놓았다.

재갈, 원형 방울, 장신구 : 목제 재갈 2점이 출토되었다. 안쪽은 납작하고 바깥쪽은 둥글다. 그리고 중간을 둥근 형태로 만들고, 양끝을 뭉툭하게 하였다. 전체 길이는 26cm이다.

원형 장신구A : 윗부분은 납작한 형태이고, 중간이 둥글고 큰 구멍을 내었다.

어금니 형태의 장신구B : 끝 부분이 휜 둥근 목재를 이용하여 만들었다. 바닥 부분의 지름은 2.5cm이며, 윗부분으로 갈수록 약간 가늘어진다. 상당부는 부러졌다.

장신구C : 균형 잡힌 포크 형태다.

어금니 형태의 장신구 : 총 18점이 출토되었는데 형태와 보존 상태는 제각각이다. 모두 반원형의 둥근 목재를 이용하여 만들었다. 끝 부분을 가는 원추형 모양으로 하고, 뿌리 부분은 납작하며 작은 구멍을 내었다. 가장 작은 것은 0.7× 4.6cm이고, 가장 큰 것은 1.4×

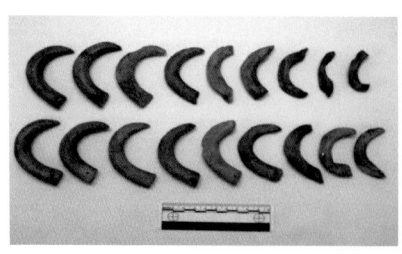

그림 44 어금니 형태의 장신구

7.6cm이다.

마구 장식 : 매우 많은 수의 목제 유물 조각들은 깨어지고 훼손되어 복원 작업을 하기 전에는 이들의 온전한 모습을 설명하기 어렵다. 일부 유물 중 설명이 가능한 것은 원추형 목제 유물, 원형 장신구, 주로 사각 구멍이 있는 마름모

그림 45 철제 재갈

꼴의 목제 유물, 재갈 편, 문양이 있는 목제 유물, 가늘고 둥근 목제 받침대 위에 뒤를 보고 귀는 올라가고 큰 눈은 튀어나와 있으며, 갈기는 균등하게 묘사하고, 큰 주둥이가 맹금류와 같이 안쪽으로 구부러진 말 머리 조각 등이다.

채찍 : 길이가 약 40cm, 지름이 1.5cm로 끝 부분이 가늘다. 손잡이 부분에 구멍이 있고 끄트머리에도 역시 2개의 구멍이 있다. 손잡이 아래 부분은 약간 구부러졌다. 보존 상태는 중간 정도다.

안장 조각 : 훼손되어 온전히 설명하기 어렵다. 앞뒤 안장 테두리의 굽은 부분의 끝장식, 테두리 연결 부위 등의 목제 유물이 남았다. 나머지 펠트제 부분은 보존 상태가 나쁘다.

재갈 : 철제 재갈 2점이 출토되었다. 첫 번째 재갈의 끝에 고리가 달렸으며, 재갈의 연결부위가 떨어져 나갔다. 한쪽 면의 길이는 10cm이고, 고리의 지름은 4cm이다. 반대편 끝의 고리는 없어졌다.

두 번째 재갈은 끝머리에 고리가 있으며, 고리의 연결 부위가 있다. 한쪽 면 길이는 14.2cm, 고리의 지름은 5.8cm이다.

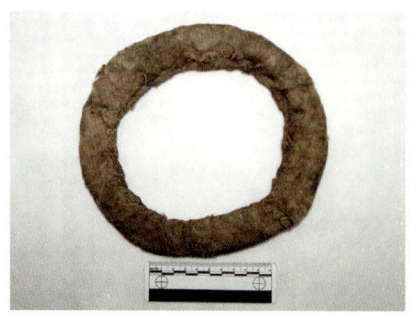
그림 46 펠트제 고리

그림 47 풀로 만든 베개

기타 유물

펠트제 고리 : 모두 3점의 펠트제 고리가 출토되었는데 아마도 토기 등 용기 밑에 두고 사용했던 듯하다. 그중 첫 번째 고리는 한쪽 면이 부식되어 없어졌다. 1.5~2cm 너비에, 지름이 10cm 크기다. 두 번째 고리는 타원형으로 10×14.5cm 크기이고, 너비는 2~3cm이다. 세 번째 고리는 타원형으로 17.3×21.5cm이고, 너비는 3~4cm이다.

베개 : 사람의 머리 밑에 나무나 풀을 이용하여 만든 베개를 놓았다. 길이는 35cm이다.

올롱 구링 골의 제10호 무덤은 영구 동토층에서 온전한 형태의 도굴되지 않은 물품들과 함께 주검의 피부와 살의 잔재(유기물)가 출토되었다. 두꺼운 통나무로 제작한 길이 2m 30cm, 너비 1m 70cm의 목곽木槨 동북쪽에는 재갈, 안장, 채찍 등 마구를 갖춘 2마리 말을 순장하였다. 동토의 땅이기 때문에 2마리 말의 가죽, 털, 살, 뱃속 내용물(유기물)이 매우 잘 보존되어 있었다. 목곽에는 머리가 동남쪽으로 향하고, 다리를 구부린 채 서쪽으로 비스듬히 누운 사람이, 가죽 델을 입고 끝에 새 머리 모습이 장식된 긴 펠트제 모자를 쓰고, 또 짧은 바지와 긴 펠트제 신발을 신었으며, 목에 야수가 표현된 목제 장신구를 달고, 이 주검은 몸통과 사지의 일부 부드러운 부분(유기물)이 보존되어 있고, 가슴 부위에 푸른 잉크로 문신이 새겨져있는 남성으로, 키는 174.4cm에 나이는 50~55세 정도다.

또한 시신 머리 가까이에는 야생양의 뿔, 목재와 진흙으로 만든 세 종류의 용기, 목제 용기 위에 놓인 양의 엉덩이 부위, 철제 칼 등이 안치되어 있고, 허리 쪽에는 활과 화살이 놓여 있었다. 여기서는 또한 목제 방패, 목제 집이 있는 청동 칼, 펠트제 집이 있는 청동 거울, 목제 손잡이가 달린 전투용 도끼, 문양과 장식이 있는 목제 장신구, 매우 아름다운 새 – 사슴shuvuut buga 목조, 말 등 동물들의 경이로운 조각품들이 출토되었다. 이들 조각품 가운데 하나를 살펴보면, 2마리 늑대가 이빨을 드러내고 상대를 향하여 으르렁거리며 공격하고 있는 모습을 표현한 조각품, 목 부위를 감싸는 일종의 목도리는 예술적 측면에서 놀라운 유물이라 할 수 있다.

이것은 유목민 전사의 무덤인데, 옷을 갖춰입고 완전무장한 채 음식물과 함께 매장되었으며, 모든 부장품이 전혀 손상되지 않고 온전한 상태였기 때문에 학술적으로 중요한 의미가 있다. 예비 조사 결과에 따르면 이 영구 동토지대의 무덤은 시기적으로는 약 2500년 전의 것으로 추정된다.

전 몽골 대통령 엥흐바야르N. Enkhbayar는 올롱 구링 골 무덤 발견의 의미를 높이 평가하여, 국경수비대장 숭데브P. Sündev 장군으로 하여금 특별기로 몽골 알타이 산맥의 타왕 보그드 동쪽 올롱 구링 골에서 울란바토르까지 모든 유물을 하나도 훼손하지 않고 수송하도록 하였다. 이 발굴 조사를 통하여 수습한 유물을 복원하는 데 미생물학, 고유전학, 방사선학, 수목연대학, 얼음, 토양, 지리학, 인류학, 그리고 뼈 등 여러 측면에서 연구를 진행하고 있다.

이 연구에 대하여 독일, 러시아, 한국 등에서 개최된 국제학술회의에서 논문을 발표하여 일부는 출간하고 라디오, TV, 신문에 보도되었으며, 특히 세계적으로 유명한 미국의 '디스커버리Discovery'는 몽골 알타이 올롱 구링 골에서 발견한 영구 동토 지대의 무덤을 '2006년 세계 고고학의 10대 발견 가운데 하나'로 보도하였다.

몽골 알타이의 선사 및 고대 미술

장석호 (동북아역사재단)

몽골 알타이 산맥과 그 동쪽은 문화적으로나 역사적으로 유목민, 그중에서도 특히 몽골로이드들의 중요한 활동 무대였다. 이 산맥과 산간 계곡 일원에는 일찍부터 이 지역을 삶의 터전으로 삼고 살았던 민족들과 그들의 신화 및 전설 등이 숱하게 전해지고 있고, 그들의 주거지와 매장 유적들이 곳곳에 남아있다. 그 속에는 각 문화기별 주인공들의 모습을 살필 수 있는 유골들을 비롯하여 여러 가지 다양한 유형의 고고 유적과 유물들이 조사·발굴되고 있는데, 이들을 통해서 이 지역에서 피고 진 문화와 그 성격들을 파악할 수 있다. 또한 이 산맥의 산간 계곡에는 '호이트 쳉헤르Khoit Chenkher' 동굴 벽화를 비롯하여 헤아릴 수 없이 많은 선사 및 고대 암각화 유적들이 분포해 있고, 또 지금도 새로운 유적들이 지속적으로 발견되고 있다.

이렇듯 알타이 산맥과 그 주변 지역에는 선사 및 고대의 문화 주인공들과 그들이 향유하였던 정신문화와 물질문명의 세계를 살필 수 있는 문화 화석들이 유적과 유물, 조형예술, 무형문화 등의 형식으로 남아있다. 이 가운데서 조형예술은 제작 주체들이 직접 눈으로 보고 또 그것들에 대하여 품었던 의문과 떠올렸던 갖가지 생각들, 그리고 만들어서 썼던 각종 생활용구 등을 그림의 형식으로 번역한 것들이다. 따라서 그것들은 문명의 여명기부터 이 지역에서 거주하였던 사람들이 남긴 가장 오래된 기록물들이며, 이로써 미스터리 속에 묻혀 있던 인류의 문명화 과정, 즉 문명의 태동과 인류가 걸어온 정신문화 및 물질문명 세계와 발전 과정 등을 더듬어 낼 수 있게 되었다.

그 가운데서도 조형예술은 고고유적이나 유물조차도 설명해 주지 못하는 아득한 구석기 시대 사람들의 관심사를 포함하여 청동기와 철기 그리고 흉노

그림 1 알타이 풍광

를 거쳐 투르크 시대에 이르기까지의 각 문화기별 이슈와 모드 등을 때로는 직접적으로, 때로는 상징적으로 표현해 놓았다. 따라서 이들 조형예술을 통하여 자연 환경과 동·식물의 서식 상황, 주요 생업 및 경제 활동 양상, 물질문명 세계와 그 발전 과정, 사람과 사람 혹은 종족 및 민족 간의 교류와 갈등 문제, 세계에 관한 인식, 믿음과 의례 그리고 조형관 등을 살펴낼 수 있으며,

이를 토대로 하여 무문자 시대의 사회 상황을 복원해 낼 수 있다. 바로 그와 같은 이유 때문에 선사미술은 오늘날 '대체문헌'으로 활용되고 있고, 또 일부 연구자들은 바위그림을 '선사시대의 책'이라고 평가하기도 하는 것이다.[1]

이런 점을 전제로 하여 알타이 산맥, 그 가운데서도 몽골 알타이 지역에 남겨진 선사 및 고대 조형예술의 세계를 하나씩 살피면서 시대별 중심 제재와 양식을 검토하고, 또 각 시기별 문화 주인공들이 걸어온 문명화의 길을 더듬어 보고자 한다. 이를 위하여 우선 구석기 시대부터 고대 투르크 시대에 이르기까지의 조형예술, 그 가운데서도 특히 동굴 벽화와 암각화 등을 차례로 검토해 보고자 한다. 그런 다음 그림의 제재, 주제, 양식 그리고 지각 방식 등의 변화 과정을 추적하면서, 몽골 알타이 지역의 선사 및 고대인들이 추구해 온 문명화의 과정을 밝혀보고자 한다.

알타이의 선사 및 고대 미술의 세계

동굴 벽화

알타이 산맥의 동쪽에서는 지금까지 '호이트 쳉헤르' 동굴 한 곳에서만 벽화가 발견되었다. 이 동굴은 호브드 아이막 만항 솜에서 남서쪽으로 25km 지점에 위치해 있다.[2] 1925년에 몽골의 지질학자 남낭 도르지Namnan-Dorj가

---

1 동북아역사재단 편(2007), 『중앙아시아의 바위그림』, 동북아역사재단·러시아과학아카데미 물질문화사연구소, 24쪽
2 Д. ДОРЖ·Э. А. НОВГОРОДОВА(1975), ПЕТРОГЛИФЫ МОНГОЛИИ, Улан-Батор, 38쪽

그림 2 코끼리(호이트 쳉헤르 동굴, А. П. Окладников, 1968)

이 동굴에서 처음으로 벽화를 발견하였으며, 조사 과정에서 그가 남긴 몇 개의 스케치는 호브드 시의 역사박물관에 소장되어 있다. 이후 여행가이자 몽골 중세사 전문가인 체코의 파벨 포우하Pavel Poucha는 『몽골 3만 킬로미터』 Trinaeet tisic kilometru Mongolskem, Praha(1957)라는 저서에서 호이트 쳉헤르 동굴 벽화에 관해 소개하기도 하였다.[3]

이 동굴 벽화에 대한 완전한 학술 조사는 1966년에 러시아의 고고학자 А. П. 오클라드니코프A. P. Okladnikov에 의해 이루어졌다.[4] А. П. 오클라드니코프는 이 동굴을 모두 13개의 구역으로 나누고, 각 구역별 그림의 제재

---

3 Д. ДОРЖ · Э. А. НОВГОРОДОВА(1975), 위의 책, 38쪽
4 А. П. ОКЛАДНИКОВ(1968), ЦЕНТРАЛЬНО-АЗИАТСКИЙ ОЧАГ ПЕРВОБЫТНОГО ИСКУССТВА, НАУКА, НОВОСИБИРСК

와 형상의 분포 양상을 파악하였다. 그리고 여기에는 영양antelope, 야생 산양, 쌍봉낙타, 타조(또는 너새), 코끼리(그림 2) 등의 동물과 더불어 전나무 및 기호tamag 등이 그려져 있으며, 이와 같은 제재들은 몽골 내의 다른 어떤 암각화 유적지에서도 살필 수 없는 점, 이 동굴 벽화 속에는 사람 형상은 물론 '유사한 사람Anthropomorphous 형상'조차도 살필 수 없으며 또 가축도 보이지 않는 점 등을 지적하면서, 호이트 쳉헤르 동굴 벽화의 제작 시기를 20,000~15,000년 전인 구석기 시대 전기의 것으로 편년하였다.[5]

이와 같은 그의 주장은 이후 D. 도르지와 D. 체벤도르지[6] 등에 의해 지지를 받았으나, E. A. 노브고로도바, V. 쿠바레프를 비롯한 러시아의 몇몇 학자들은 구석기 제작설에 강한 의문을 제기하고 오히려 중석기 또는 신석기,[7] 청동기 시대 제작설을 제기하기도 하였다.[8]

암각화

알타이 산맥과 그 주변 지역, 즉 바양 울기, 호브드, 고비 알타이 그리고 오브스 등의 아이막 일원에는 석기 시대부터 청동기와 철기 시대를 거쳐 고대 투르크 시대에 이르기까지 오랜 기간 동안 차례로 그려진 무수한 암각화 유적들이 있다. 그 가운데서도 호브드 아이막의 이쉬깅 톨고이, 찬드만 하르 우주

---

5 Д. ДОРЖ · Э. А. НОВГОРОДОВА(1975), 앞의 책, 38쪽
6 D. 체벤도르지(2010), 「몽골의 바위그림」, 『암각화 발견 40주년 기념 국제학술회의, 세계의 바위그림, 그 해석과 보존』, 동북아역사재단, 85쪽
7 Д. ДОРЖ · Э. А. НОВГОРОДОВА(1975), 앞의 책, 39쪽
8 В. Д. Кубарев, Д. Цэвээндорж, Э. Яковсон(2005), ПЕТРОГЛИФЫ ЦАГААН-САЛАА И БАГА-ОЙГОРА(Монгольский Алтай), Новосибирск-Улан-Батар-Юджин, Издательство Института археологии и этнографии СО РАН, 43~48쪽

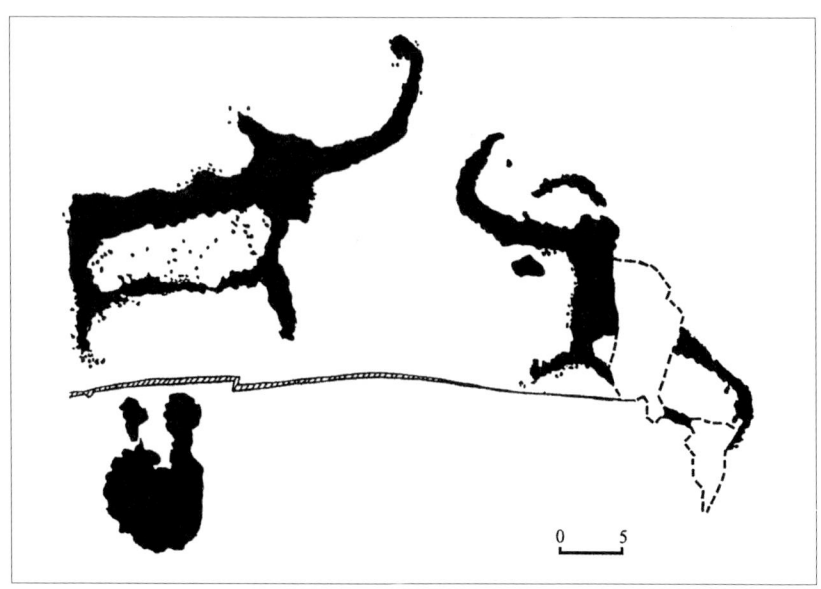

그림 3 매머드(바가 오이고르, В. Д. Кубарев 외, 2005)

르, 조스틴 하드, 바양 울기 아이막의 바가 오이고르, 차강 살라, 쉬베트 하이르항, 오브스 아이막의 하드 우주르, 조라그트 하드, 후렝 우주르 하단 올, 고비 알타이 아이막 할리운 솜의 하난 하드와 올란 올 솜의 하난 하드, 움느드 올, 이흐 베르흐, 돈드 햐린 혼드, 고친 오스 솜의 야마느이 오스 등의 암각화 유적지에는 이 지역의 선사 및 고대 인류와 그들의 문화를 추적하고 또 복원하는 데 없어서는 안 될 귀중한 도상 자료들이 그려져 있다. 따라서 우선 이 지역 내의 유적지와 도상들을 시대별로 묶어서 그 내용을 살펴보고자 한다.

석기 시대

바가 오이고르와 차강 살라 암각화 유적지에는 매머드 형상(그림 3)이 그려져 있다.[9] 몽골에서는 이밖에도 헨티 아이막 라샨하드 암각화 속에 세 마리

그림 4 두 마리의 소(차강 살라, В. Д. Кубарев 외, 2005)

의 들소 형상이 그려져 있다.[10] 또한 찬드만 하르 우주르나 하드 우주르 등지의 암각화 속에는 여러 가지 다양한 형상들이 그려져 있다. 그 가운데서도 특히 소, 물소, 말 등의 형상들이 그려져 있는데,[11] 이들의 배 아래에 '편도 모양의 바위구멍(扁桃, mindalebidnoe uglublenie)'이 새겨져 있다(그림 4). 학계에서는 이 표시를 일반적으로 '동물의 다산', 즉 풍요로운 번식을 기원하는 상징 기호로 보고 있다.[12] 이와 같은 '편도' 모양의 기호는 러시아의 레나 강변

---

9 D. 체벤도르지(2010), 앞의 글, 87쪽
10 이 형상을 두고, D. 체벤도르지는 털코뿔소라고 하였으며[D. 체벤도르지(2010), 앞의 글, 88쪽], Е. А. 노브고로도바는 연구자들이 이를 코뿔소, 멧돼지, 물소 등으로 보는 점을 소개하면서, 이 형상을 소라고 하였다[Э. А. НОВГОРОДОВА(1984), МИР ПЕТРОГЛИФОВ МОНГОЛИИ, Наука, М., 34쪽].
11 А. П. ОКЛАДНИКОВ(1981), ПЕТРОГЛИФЫ МОНГОЛИИ, НАУКА, ЛЕНИНГРАД, 57쪽

그림 5 소 사냥(사길모조, D. 체벤도르지, 2010)

에 있는 '쉬쉬키노' 바위그림 유적지 속의 말 형상[13]을 비롯하여 구석기 시대의 몇몇 동굴 벽화 속에서 확인할 수 있다. 이쉬킹 톨고이 암각화 속에는 순록이 그려져 있는데,[14] 지금은 이 지역에서 서식하지 않는다.

오브스 아이막의 사길 솜 모조 Mozoo 강변에는 물소 떼와 더불어 사람과 황소 등이 그려져 있다.[15] 사람은 소를 끌거나 활로써 그것을 사냥하고자 하는 모습(그림 5)이다. 이 하나의 장면을 통하여 소의 가축화와 활의 등장 등을 동시에 살필 수 있다. 또한 소의 배 밑에는 다산의 상징 표식인 점이 같이 그려져 있다. 이로써 전 시대의 전통과 새로운 시대의 모드가 조화를 이루고 있음을 지적할 수 있다. 다시 말하자면 제작자의 관심이 야생동물뿐만 아니라 사람과 활 그리고 가축 등 새로운 분야로 확장되었음을 살필 수 있는 것이다. 학자들은 활과 가축의 등장을 중석기 시대로 보고 있다.[16] 활의 등장은 유라시아 대륙의 중석

---

12 D. 체벤도르지(2010), 앞의 글, 89쪽
13 MIROSLAV KŠICA(1989), VÝPRAVY za pravekým umenim, OBZOR BRATISLAVA, 159쪽
14 Д.ЦЭВЭЭНДОРЖ(1982), ИШГИН ТОЛГОЙН ХАДНЫ ЗУРАГ-АРХЕОЛОГИЙН СУДАЛ, ШУА-ийн ХЭВЛЭЛ, УЛААНБААТАР ; D. 체벤도르지(2010), 앞의 글, 89쪽
15 D. 체벤도르지(2010), 앞의 글, 89쪽
16 D. 체벤도르지(2010), 앞의 글, 89쪽

기 유적에서 출토되는 돌화살촉이 증명한다.[17] 그밖에도 동그라미와 그 변형, 'x'자형 기호를 비롯한 기하학적 형상들이 이 시기에 그려지기 시작하였다.[18]

청동기 시대

고비 알타이 아이막 할리운 솜의 하난 하드나 올란 올 솜의 하난 하드, 움느드 올, 바양 울기 아이막의 쉬베트 하이르항과 그 밖에 다수의 암각화 유적지에는 산양과 사슴 등 동물들과 더불어 마차 형상(그림 8)이 그려져 있다. 산양을 비롯한 동물들은 몽골의 선사 및 고대 암각화에서 절대적인 제재였으며, 그것은 숭배의 대상이자 동시에 중요한 사냥감이라는 양면성을 띠고 있었다. 산양과 사슴 등은 몽골을 중심으로 한 유목민들의 정신 및 물질문화를 형성하는 데 중요한 역할을 하였다. 다시 말하자면 그와 같은 동물들로부터 다양한 이데아가 파생되었고, 또 그것의 이미지를 시각적으로 구현한 조형물들이 다양한 재료와 방법으로 제작되었다(그림 6). 물론 그 이데아는 이미 구석기 시대부터 발아되었으며, 각 제작 집단은 이들을 제재로 삼아 그들의 조형관이 반영된 시대양

그림 6 어미와 새끼산양(노곤 혼드, 몽골)

---

17 D. 체벤도르지(2010), 앞의 글, 89쪽
18 D. 체벤도르지(2010), 앞의 글, 89~90쪽

그림 7 전사(팔로, 몽골)

그림 8 마차와 사슴(노곤 혼드, 몽골)

식을 창출하였다. 그런 까닭에 동일한 제재이지만 시대의 차이에 따라 각기 다른 양식의 형상들이 제작되었던 것이다.

그림 가운데는 마차 형상(그림 8)도 등장하였는데, 그것은 일반적으로 두 개의 바퀴와 축(굴대), 차체, 채, 그리고 멍에 등으로 구성(그림 22)되어 있다.[19] 마차는 기본적으로 동력원인 말이나 소 등이 끌면 바퀴가 구르도록 고안된 운송 수단이다. 그림 속의 마차는 일반적으로 채를 중심으로 하여 좌우에 각각 한 마리씩 말이나 소 등이 멍에를 짊어지고 있으며, 차체에 사람이 서 있는 모습으로 그려져 있다.

마차의 바퀴는 기원전 4,000년경의 메소포타미아나 카프카스 등지에서 이미 활용되었던 것으로 보인다.[20] 처음에는 나무판을 썼으나 나중에는 바퀴살이 있는 것으로 바뀌었는데, 그 시기를 대략 기원전 2,000년경으로 추정하고 있다.[21] 이렇듯 마차는 청동기 시대 이전에 그려지지 않던 새로운 소재였으며, 당대 최고의 과학기술이 꽃피운 문명의 결정체였다.

또한 이 시기의 암각화 속에는 다양한 모습의 사람 형상들이 그려지기 시작하였다. 그 가운데서도 눈길을 끄는 것은 전투용 도끼

그림 9 전투(야마느이 오스, Э. А. Новгородова, 1984)

---

19 동북아역사재단(2008), 『몽골 고비 알타이 아이막의 암각화』, 동북아역사재단, 283쪽
20 加茂儀一(1975), 「東アジアの馬とその文化」, 『騎馬民族とは何か』, 每日新聞社, 59~60쪽
21 加茂儀一(1975), 위의 글, 59쪽

그림 10 성교(노곤 혼드, 몽골)

나 곤봉 등을 허리에 찼거나 손에 들고 있는 사람 모습이다(그림 7). 전투용 도끼는 양쪽에 날이 있는 도끼에 손잡이 막대를 끼워서 상대방의 머리 등을 공격하는 무기다. 오브스 아이막의 후렝 우주르 하단 올 암각화나 바양 울기 아이막의 쉬베트 하이르항, 그리고 호브드 아이막 야마느이 오스Yaman'i Us 등지의 암각화에서 이와 같이 무기를 든 전사들을 살필 수 있다(그림 9). 그와 더불어 버섯 모양의 투구를 쓰고 활이나 창을 든 전사(그림 7)들도 고비 알타이 아이막의 바양 올 솜에 있는 하난 하드를 비롯하여 인근의 여러 암각화 유적지(그림 20)에서 살필 수 있다. 전투용 도끼의 등장은 청동기 시대부터이며, 이 시대에 주로 근접전이 이루어졌음과 함께 이로 인하여 전투용 투구라는 새로운 방어구가 파생하여 유행하게 되었음을 이와 같은 암각화 속의 형상들이 설명해 주고 있다.

그밖에도 청동기 시대의 암각화 속에는 남녀, 성교(그림 10), 임신, 출산, 가족 등의 모습을 형상화한 것도 적지 않다. 남녀의 구분은 젖가슴 및 남성기의 유무 등으로 구분할 수 있다. 또한 성교 등 에로틱 장면도 그려져 있으며, 출산 장면도 형상화되어 있다. 그런데 성행위나 출산 등의 장면 속에는 대체적으로 뿔 달린 동물이 함께 그려져 있다.

철기 시대

몽골 알타이를 중심으로 한 중앙유라시아는 철기 시대가 되면서 거대한 하나의 문화권으로 통일되는데, 그것은 소위 '스키토 – 시베리아의 세계'다. 주지하는 바와 같이 이 시기는 흑해 연안에서 다싱안링^{大興安嶺}에 이르기까지 재갈을 비롯한 마구, '아키나케스^{akinakes}'라 불리는 철검 그리고 '동물양식' 등 세 개의 문화소가 전방위로 확산되어 있었다.[22]

이 가운데서 '동물 양식'이란 사슴 등 동물 형상의 특이한 포즈(그림 11)를 일컫는 말이다. 이 양식으로 그려진 동물은 목을 위로 길게 치켜들고 있고, 뿔은 꼬리에 닿을 정도로 길게 과장되게 그렸으며, 홀쭉한 배에 앞뒷다리를 안으로 접어서 마치 '쉬는 듯한' 모습 또는 '앉아 있는 듯한 모습'을 하고 있다. 이처럼 비현실적이며 동시에 독창적인 모습의 동물 형상은 그 이전이나 또 그 이후의 어느 미술에도 보이지 않는다. 이 시기에는 갖가지 재료와 방법으로 이와 같은 포즈의 동물 형상이 제작되었다.

그런데 알타이 산맥 일원은 물론이고 같은 시기에 제작된 몽골 암각화 속에는 이와 같은 양식으로 그려진 동물 형상들을 어렵지 않게 살필 수 있다. 고비 알타이 아이막 바양 올 솜의 하난 하드나 노곤 혼드, 호브드 아이막 바타르 하이르항, 조스틴 하드, 오브스 아이막 후렝 우주르 하단 올, 바양 울기 아이막 쉬베트 하이르항, 아랄 톨고이 그리고 하르 야마트 등지의 암각화 속에는 사슴을 중심으로 한 동물 형상들이 그와 같은 포즈로 그려져 있음을 살필 수 있다. 이와 같은 양식으로 그려진 동물 형상은 몽골의 중부 지역 암각

---

22 E. V. 뻬레보드치코바 저·정석배 역(1999), 『스키타이 동물양식』, 학연문화사, 24쪽 ; 정석배(2011), 「북방의 초원과 스키타이 세계」, 『유라시아 초원에서 한반도까지 스키타이 황금문명』, 예술의 전당, 14쪽

　그림 11 사슴(차츠인 에레크, 몽골)

화 속에서도 어렵지 않게 살필 수 있다. 아르항가이 아이막 이흐 타미르 솜의 차츠인 에레크Chach'in Ereg 암각화나 으브르항가이 아이막 고친 오스 솜의 이흐 두를지 암각화 등지 등이 그 예다.

　그러나 이 시기에 제작된 조형물 가운데서 '스키토-시베리아 동물 양식'의 이상을 가장 잘 구현한 것은 사슴돌Bugan'i chuluu[23]이라고 할 수 있다(그림 12). 사슴돌은 판석묘Drublzin나 히르기수르khirgisur 등지에 세워진 돌기둥인데, 그것은 위, 가운데, 아래 등 세 부분으로 나누어져 있다. 그중에서 윗부분에는 해와 달을, 가운데는 사슴을, 아랫부분에는 활이나 칼 또는 전투용 도끼 등을 새겨 놓았다. 위와 가운데 부분은 엇비스듬하게 점을 찍어 구분하였

23　В. В. ВОЛКОВ(2002), ОЛЕННЫЕ КАМНИ МОНГОЛИИ, Научный мир, М., 13~25쪽

그림 12 사슴돌(오쉬긴 으브르)

고, 가운데와 아래는 격자나 마름모꼴 연속무늬 또는 선 등으로 구분하였다. 이 중 가운데 그려진 동물이 '스키토 – 시베리아 동물 양식'이라는 조형 규범에 의거하여 제작된 것이다. 이 돌기둥을 '사슴돌'이라 부르는 이유는, 그 중심 제재가 사슴이기 때문이다. 그러나 일부 돌기둥 가운데는 사슴 대신 말이나 산양, 호랑이 등이 새겨져 있기도 하다. 사슴돌에 시문된 무기류는 동시대에 만들어진 고고유물 가운데서 확인할 수 있다.

흉노 시대

일반적으로 규모가 큰 암각화 유적지에는 여러 시기에 걸쳐 서로 다른 형상들이 덧그려져 있다. 그 가운데는 이른 청동기 시대부터 철기와 흉노 그리고 투르크 시대에 그려진 형상들도 같이 살필 수 있는 것이 있다. 몽골에서 흉노 시대에 그려진 대표적인 암각화는 호브드 아이막 우엔치와 알타이 솜에 있는 야마느이 오스 암각화다. 이 암각화 속에는 예의 전투용 도끼로 적을 공격하는 모습(그림 9)과 함께, 앞뒤로 말을 탄 기마병의 호위를 받으며 세 마리의 말이 끄는 마차를 탄 사람과 한 명의 기마병을 따라 한 마리의 말이 끄는 마차를 탄 사람(그림 13)이 이동하는 장면이 그려져 있다.[24] 물론 그밖에도 활을 든 사람이나 마차 그리고 낙타와 순록 등의 동물 형상들이 같이 그려져 있다.

   이 암각화 속에서 주목을 끄는 것은 바로 마차가 이동하는 장면이다. 그중에서도 세 마리의 말이 끄는 마차 행렬도(그림 13)를 살펴보면, 말들은 모두 걷고 있는 모습이다. 다시 말하자면 앞발 중의 하나는 무릎을 구부렸고 나머지 하나는 앞으로 내딛고 있으며, 뒷발도 하나는 앞으로 다른 하나는 뒤로 서

---

[24] Д. ДОРЖ, Э. А. НОВГОРОДОВА(1975), 앞의 책, 14~17쪽 ; Э. А. НОВГОРОДОВА(1984), 앞의 책, 111쪽

그림 13 마차 행렬도(야마느이 오스, Э. А. Новгородова, 1984)

로 어긋나게 하여 움직이는 동작을 형상화하였다. 또한 마차를 끄는 세 마리의 말들은 서로 중첩되어 있다. 중첩된 양상을 살펴보면 제일 앞에 있는 말만 온전한 윤곽을 지니고 있고, 나머지 두 마리는 머리와 등선 그리고 꼬리만 그려서 세 마리가 서로 겹쳐져 있음을 형상화하였다. 뿐만 아니라 마차도 이미 앞에서 살펴보았던 청동기 시대의 그것(그림 8, 22)과는 달리 측면에서 바라본 모습이다.

이렇듯 알타이 산맥을 비롯한 중앙유라시아의 선사시대 암각화 유적 가운데 이 암각화 속 마차 행렬도의 말처럼 여러 마리를 서로 중첩시켜 공간의 원근감을 표현한 것은 바로 흉노 시대부터다. 그러니까 흉노 시대가 되면서 사물을 바라보는 시지각視知覺 방식이 획기적으로 바뀌었던 것이다. 다음 장에서 상술하겠지만, 청동기 시대 마차 형상에서 살필 수 있었던 다시점多視點 화법畵法은 일시점一視點 화법, 즉 원근법에 따른 공간 표현 방식으로 변화되었던 것이다. 그리하여 앞 시대의 나열식 표현 방법은 폐기되기 시작하였으며, 화면 속에 이야기가 도입되기에 이르렀다.[25]

그림 14 개마무사(조스틴 하드, 몽골)

투르크 시대

몽골 고원에서는 흉노 이후 선비와 유연, 그리고 투르크 등의 민족들이 차례로 교체되면서 이전과는 또 다른 조형예술 세계를 창출하였다. 호브드 아이막 에르뎅 부렝 솜의 조스틴 하드[26] 암각화 속에는 투구에 갑옷을 입고 긴 창을 든 전사가 마면갑과 마갑으로 무장한 말을 탄 소위 '개마무사'가 그려져 있다(그림 14). 일부 연구자들은 이 기마상을 니룬(유연) 시대에 그려진 것으로 보고 있다. 또한 고비 알타이 아이막 바양 올 솜의 돈드 햐린 혼드 암각화 가운데 한 바위에는 깃발을 든 기마병들이 서로 마주보고 있는 장면과 함께 창

---

25 장석호(2009), 「고구려 초기 고분 벽화와 중앙아시아 고대 암각화」, 『문명교류』 창간호, 한국문명교류연구소, 136~137쪽
26 일부 연구자들은 '하르 하드(Khar-Khad)'라 부르기도 한다[Э. А. НОВГОРОДОВА, 앞의 책, 128~129쪽].

그림 15 기마전사와 전투(돈드 햐린 혼드, 몽골)

으로 다른 창기병을 찌르는 전투 장면이 그려져 있다(그림 15).

투르크 시대의 기마전사 형상은 말을 타고 깃발이나 창을 들고 있는 전사, 창을 들고 서로 싸우는 전사 등으로 그려져 있다. 일반적으로 전사는 말을 타고 한 손으로는 고삐를 쥐고, 다른 한 손으로는 깃발이나 창을 든 모습(그림 14, 15, 23)이다. 깃발은 일반적으로 세로가 긴 직사각형에 세 가닥의 술 장식이 달려 있다. 창끝의 약간 아래에는 술 장식이 달려 있는데, 그것은 지역과 민족 등의 차이에 따라 생김새가 약간씩 다르다. 전사가 타고 있는 말의 갈기에는 세 개 내지 네 개의 세모 또는 네모꼴의 갈기 장식이 나 있다. 말은 대부분 빠르게 걷거나 달리는 모습이다.

기마전사상은 몽골 알타이를 중심으로 하여 북으로는 바이칼 호 인근과 남부시베리아, 서로는 카자흐스탄과 키르기스스탄, 남으로는 중국 북부와 만주 그리고 한반도 등 넓은 지역에서 골고루 발견되었다.[27] 대부분 암각화의 형식으로 그려졌지만, 고분 벽화 속에서도 유사한 예가 확인되었다. 대표적인 예가 바로 고구려 고분 벽화 속 개마무사와 전투장면 등이다.[28] 이로써 고구려와 투르크 시대의 가장 대표적인 제재이자 주제는 개마무사와 기마전이었음을 알 수 있다.

---

27 장석호(2013), 「알타이 지역 고대 암각화 속의 기마 전사 연구」, 『역사영토 갈등 해결 이슈의 경험 공유 및 알타이 문화 교류』(한카터 협력포럼 발표 자료), 동북아역사재단, 1~7쪽

28 장석호(2010), 「중앙아시아 고대 암각화와 고구려 고분 벽화의 주제 및 양식 비교 연구」, 『중앙아시아연구』 15, 중앙아시아학회, 312~313쪽

알타이 지역의 문명화 과정

어느 시대든지 특정 시대의 조형예술 속에는 그것이 제작될 당시의 사회 상황이 반영되어 있기 마련이다. 자연 환경과 동식물의 서식 상황, 물질문명의 발전 정도와 정신문화 세계 등이 모두 조형언어로 번역되어 있다. 그 이유는 특정 시기의 조형예술이 해당 문화기의 주인공들, 즉 제작 집단의 시각으로 바라본 현실 세계뿐만 아니라 그들의 의식과 이상 그리고 꿈과 같이 비가시적이거나 비현실적인 세계에 대한 이미지 등을 기반으로 하여 구성되고 또 제작되기 때문이다. 그러므로 특정 시기의 조형예술을 분석해 보면, 당대의 문화 주체들이 향유하였던 물질문명과 정신문화 등에 대한 구체적인 이미지를 살필 수 있다. 조형예술을 통해서 가시적인 세계의 실상은 물론이고 비가시적인 세계에 대한 인식 체계도 동시에 밝혀낼 수 있는 것이다.

몽골의 선사 및 고대 미술도 그것을 잘 증명해 주고 있다. 앞에서 이미 확인한 바 있듯이, 몽골 알타이 지역에 분포하는 동굴 벽화와 암각화 그리고 사슴돌이나 석인상 등은 석기 시대부터 고대 투르크 시대까지 이 지역에서 살았던 사람들이 보고 누리고 꿈꾸었던 세계를 조형언어로 번역한 것들이다. 이를 통해서 알타이와 그 주변 지역에서 서식하였던 동물상과 그것들의 가축화 과정, 도구의 등장과 발전 과정, 양식의 변화, 지각 방식 및 사회상황의 변화 등을 읽을 수 있다.

가축의 등장

알타이 산맥 남쪽 호브드 아이막의 호이트 쳉헤르 동굴 벽화 가운데는 코끼리(그림 2)와 타조 그리고 영양 등이 그려져 있었음을 살펴보았다. 또한 바양 울기 아이막의 바가 오이고르와 차강 살라 암각화 속에는 매머드 형상(그림 3)이 그려져 있었으며, 이쉬킹 톨고이 암각화 속에는 순록이 그려져 있기도 하였다. 그러나 이와 같은 동물들을 지금의 몽골 알타이 지역에서는 살필 수 없다. 지금은 물론이고 과거로 거슬러 올라가 신석기 시대에도 그와 같은 동물들이 그림의 제재로 채택되지 않았음을 이 지역의 암각화들은 증명해 주고 있다.

이들 가운데 매머드는 빙하기에 이 지역에서 살았던 동물이며, 순록도 날씨가 차가운 지역에서 서식하는 동물이다.[29] 따라서 몽골 알타이 지역의 일부 암각화 유적에 매머드와 순록이 그려져 있다는 점은 곧 이와 같은 형상들이 빙하기에 제작되었음을 말해 준다. 물론 매머드는 빙하기가 끝나면서 절멸하였으며, 순록은 북극의 추운 지역으로 완전히 이주하였다. 근년에 시베리아의 영구동토지역에서 매머드의 사체가 발견되어 기사화되기도 하였는데, 이로써 매머드가 구석기 시대에는 이 지역에서 서식하였음과 함께 당시 사람들은 매머드를 사냥하였음도 알 수 있다. 그러한 점은 비단 매머드의 사체뿐만 아니라 말타와 부레트 등 구석기 시대의 주거지 골조로 이용된 매머드 뼈(그림 16)나 무덤에 부장된 매머드 이빨로 만든 창 등을 통해서 확인할 수 있다.[30]

그러나 빙하기가 물러가면서 몽골 알타이 지역의 자연 환경은 급변하였던 것으로 보인다. 추위가 물러감에 따라 매머드와 순록 등도 따라서 자취를 감추었고, 그 대신에 말과 소, 사슴 그리고 산양 등이 그 자리를 차지하였

---

29 장석호(1995), 『몽골의 바위그림』, 도서출판 혜안, 84쪽
30 ВЛАДИМИР СЕМЁНОВ(2008), ПЕРВОБЫТНОЕ ИСКУССТВО, СПб., АЗБУКА-КЛАССИКА, 30쪽

그림 16 주거지(말타, В. Семёнов, 2008)

다. 일부 연구자들은 이 지역에 물소도 그려져 있다고 주장하고 있으나,[31] 당시의 동굴 벽화나 암각화에서 물소라고 판단되는 형상을 살피기는 어렵다. 그러나 석기 시대에는 길들여지지 않은 들소나 야생마 등이 그려져 있는 점으로써 신석기 시대에 이르기까지 이들이 중요한 식량원이었던 것으로 보인다.

석기 시대에 제작된 형상들은 개체적으로 그려져 있으며, 하나하나가 나열되어 있다. 그러나 멀리 레나 강변의 쉬쉬키노와 몽골 알타이의 찬드만 하르 우주르, 사길 모조 그리고 헨티 아이막의 라샨 하드 등지의 그림 가운데서 살핀 바와 같이 풍요를 상징하는 '편도 모양의 바위구멍' 또는 점(그림 17)

---

31 D. 체벤도르지(2010), 앞의 글, 87쪽

그림 17 말(쉬쉬키노, 러시아, MIROSLAV KŠICA, 1989)

이 배 아래에 새겨져 있음을 알 수 있는데, 이로써 당시의 화가와 문화 주인공들은 동물의 다산 및 번식을 간절히 기원하였음을 읽을 수 있다. 또한 중석기 시대의 그림 가운데 활을 든 사냥꾼과 고삐에 매인 소가 그려진 점을 통해 활이 주요 사냥용구로 등장하였고, 또 야생동물의 가축화도 이때부터 시작되었음을 알 수 있다.

청동기 시대의 암각화 속에는 등에 짐을 싣고 이동하는 소나 마차를 끄는 소와 말이 그려져 있다(그림 8). 등에 짐을 싣고 있는 모습은 고비 알타이 아이막 할리운 솜의 하난하드 암각화[32]를 비롯하여 몽골의 여러 지역 청동기 시대의 암각화에서 살필 수 있다. 또한 안장 없는 말이나 소를 타고 있는 기마상도 보이며, 고삐에 매인 동물을 끌고 가는 모습도 그려져 있다(그림 5). 이로써 소나 말 등이 가축화되었고 또 그것들의 힘을 이용하여 무거운 짐을 나르거나 마차를 끌게 하는 축력 이용이 보편화되었음을 짚어낼 수 있다. 즉 야생 동물이 가축으로 바뀌었고, 또 식용에서 식용과 운송용 등으로 그 기능이 분화되었음을 살필 수 있다.

사냥도구와 무기의 등장 그리고 변화

구석기 시대의 미술 속에는 사냥도구가 보이지 않는다. 앞에서도 언급한 바

---

[32] 장석호(1995), 앞의 책, 101쪽

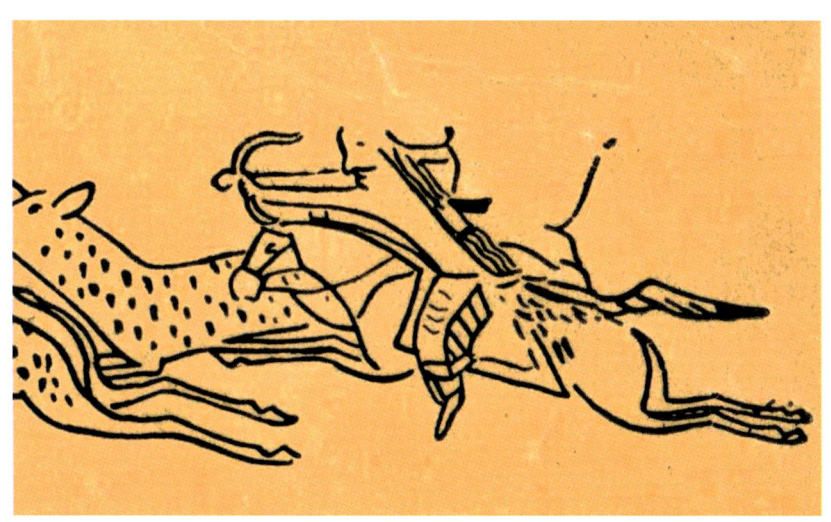

그림 18 기마사냥꾼(쿠드르이게, A. ГАВРИЛОВА, 1965)

있듯이 그림 속에는 동물들이 하나씩 개체적으로 그려져 있고, 또 각각의 형상들은 주변에 있는 다른 형상들과 서로 무관하다. 다시 말하자면 알타이 지역의 구석기 시대 미술 속에는 동물과 동물, 동물과 사람 그리고 동물과 도구 등이 서로 관련되어 있는 장면, 즉 서로 이질적인 제재들을 하나의 화면 속에 의식적으로 구성한 흔적이 보이지 않는다는 것이다. 개개의 형상은 무언가의 특별한 상황 가운데 한 순간을 제시하고 있지만, 그것이 동물의 실존 이상의 어떤 상황을 제시하지 않는다.

그런데 중석기 시대의 암각화 속에는 치졸하지만 고삐와 활이 등장한다(그림 5). 동물과 사람의 관계를 살피게 하는 장면 묘사가 이루어지기 시작하였는데, 이는 과거에 볼 수 없었던 새로운 점이다. 활이 등장한 이후 사냥은 급속도로 발전하였는데, 사냥 장면은 흥미롭게도 사냥꾼이 겨냥한 활과 화살이 동물의 몸통에 맞닿아 있는 모습이다. 도보로 사냥하던 모습은 철기 시대가 되면서부터는 기마사냥으로 바뀌었으며, 흉노와 투르크 시대에 이르러서

그림 19 두개골(알타이대 박물관)

는 도망가는 사냥감을 쫓아 빠르게 달리면서 활을 쏘거나(그림 18), 무릎을 구부리고 활을 겨냥한 장면으로 바뀐다.

동물을 사냥하던 사냥꾼이 전사로 바뀌는 것도 청동기 시대부터다. 석기 시대에는 사람이 사람을 공격하는 모습은 그려져 있지 않았다.[33] 활은 청동기 시대가 되면서 동물을 사냥하는 도구일 뿐만 아니라 사람을 공격하는 살상무기의 기능까지 겸하게 되었다. 또한 청동기 시대에는 전투용 도끼가 새롭게 살상무기로 등장하였다. 끝이 뾰족한 전투용 도끼로 상대방의 뒷머리나 정수리를 공격하는 모습이 고비 알타이 아이막 우인츠 솜의 야마느이 오스 암각화 속에 분명하게 그려져 있으며(그림 9), 이와 유사한 형상을 카자흐스탄의 쿨자바스이 암각화 속에서도 살필 수 있다.[34] 뿐만 아니라 고고유적 발굴 과정에서 수습한 뒤통수나 정수리가 함몰된 두개골(그림 19)을 통해서 전투용 도끼에 희생된 전사가 적지 않았음을 알 수 있다. 당시 사회에서 전투용 도끼는 공포심을 불러일으키기에 충분한 신무기였으며, 이에 대한 자구책으로 투구를 개발하였던 것으로 보인다. 전투용 도끼로 적의 머리를 공격하는 장면 속에는 투구를 쓴 사람이 보이지 않는데, 이는 곧 전투용 도끼가 투구보다 먼저 개발된 무기였음을 설명해 준다. 청동기 시대의 전사들은 대부분 손에 활

---

33 피터 마셜 지음·손희승 옮김(2008), 『유럽의 잃어버린 문명』, 역사의 아침, 40~41쪽
34 동북아역사재단(2010), 『카자흐스탄의 바위그림』, 동북아역사재단

이나 창을 들고 있는 모습이다. 또한 그들은 투구를 쓰고 허리에는 전투용 도끼를 차고 있는 모습(그림 7)을 하고 있다. 철기 시대가 되면서부터는 활을 든 기마 사냥꾼이 등장하였다. 기마사냥꾼은 흉노 시대에 접어들면서 기마전사로 바뀌었다. 그러나 이 시기에는 아직도 활을 들고 사냥감이나 적을 쫓는 모습을 같이 살필 수 있다. 이후 투르크 시대에 이르러서는 창을 들고 갑옷을 입은 전사와 마면갑과 마갑으로 무장한 말을 탄 개마무사로 바뀌었다(그림 14). 개마무사의 주된 무기는 장창이었음을 고대 암각화와 고분 벽화 등이 증명해 주고 있다. 말을 탄 전사는 한 손에는 장창을 들고 또 다른 손으로는 고삐를 쥐고 있는 모습이거나, 창을 치켜들고 서로 대치해 있는 모습(그림 15), 양손으로 창을 쥐고 서로 상대방을 공격하는 모습 등으로 그려져 있다.[35]

청동기 이전의 조형예술에서는 사람이 사람을 공격하는 모습은 살필 수 없었다. 그러나 청동기 시대로 접어들면서 상황이 크게 바뀌어 사람이 활이나 전투용 도끼 그리고 창 등으로 사람을 공격하는 모습이 그려지기 시작하였다. 그러니까 이전에 이웃이었던 사람들이 청동기 시대부터는 서로 반목과 갈등이 조장되어 죽이기까지 하는 상황, 즉 적의 개념이 발생하였으며, 이로써 부의 손실이나 생존권을 위협받을 때는 이웃 및 다른 집단들과 싸움 및 전쟁도 불사했던 사회로 바뀌었음을 알 수 있다.

생활 용구의 등장과 변화

석기 시대에는 야생 동물들이 조형예술의 중심 제재였다. 그림 속에는 야생 동물이 하나씩 개체적으로 그려져 있으며, 그것들은 측면에서 바라본 모습이

---

[35] 동북아역사재단(2008), 『몽골 고비 알타이 아이막의 암각화』, 동북아역사재단

그림 20 전사들(하닌하드)

고 또 각각의 형상들은 서로에게 어떠한 간섭도 하지 않는다. 그야말로 야생 동물의 세계 중 한 순간이 포착되었고 또 형상화되었던 것이다. 어떠한 인공적인 도구나 소품도 보이지 않으며, 화가를 비롯한 제작집단은 그것들을 화면 밖에서 바라보고 있다. 따라서 석기 시대의 조형예술에서는 인간과 인공의 세계가 아직 투영되어 있지 않았다고 할 수 있다.

그러나 중석기 시대에 접어들면서 화면 속에는 큰 변화가 일어났는데, 그것은 그동안 개체적으로 그려졌던 야생 동물의 세계 속에 사람이 등장한 것이다. 뿐만 아니라 사람 형상은 스스로의 힘으로 만든 도구를 쥐고 있다. 그림 속의 사람 형상은 활을 들고 동물을 공격하고 있거나 고삐로 동물을 매어 끌고 가는 모습(그림 5) 등이다. 이와 같은 장면들은 이어지는 문화기에도 변함없는 그림의 주제가 되었으며, 지속적으로 표현되었다. 이로써 야생동물의 가축화와 사냥은 중석기 시대부터 시작된 것을 알 수 있으며, 이 시기부터 인간과 동물의 관계가 조형예술의 중요한 주제 가운데 하나로 즐겨 표현되었다.

청동기 시대에는 이전에 살필 수 없었던 다양한 주제들이 표현되었다. 야생동물이 중심제재이자 주제였던 석기 시대에 비한다면, 사람과 사람의 손으로 만든 인공의 세계가 화면 속의 중심 제재로 자리를 차지한 시대라고 할 수 있다. 중석기 시대부터 그려지기 시작하였던 활을 비롯하여 전투용 도끼(그림 9, 20)와 투구, 칼 그리고 마차(그림 8) 등이 이 시기에 새롭게 등장하였다. 즉 사람이 그림의 중심 제재로서, 그를 중심으로 하여 동물과 도구 등이 수평 또는 종속적인 관계로 재정립되었다. 석기 시대 조형예술이 야생 동물 중심의 세계를 형상화한 것이라고 한다면, 청동기 시대는 사람과 그의 손으로 제작한 물질문명의 소산물들이 화면의 전면에 등장한 시대였다고 할 수 있다.

활로 동물을 사냥하는 모습(그림 5), 서로 활을 들고 싸우는 사람들, 전투용 도끼를 허리에 차고 또 창을 든 사람(그림 20), 머리에는 투구를 쓰고 허리에는 전투용 도끼를 찬 전사, 허리에 전투용 도끼를 찬 사람이 활로 상대방을 공격하는 모습(그림 7) 등의 예를 통해서 살필 수 있듯이, 이 시기에는 이전에 볼 수 없었던 전투와 살상이 빈번하였던 시대라고 할 수 있다. 특히 야마느이오스의 예(그림 9)를 통해 확인할 수 있었듯이, 끝이 날카로운 전투용 도끼로 적의 머리를 뒤에서 가격한 모습은 곧 그 타격이 살상을 전제로 하여 이루어졌음을 생생하게 증명해 주며(그림 19), 이와 같은 일련의 형상들을 통해 생활용구가 무기로 바뀌었음을 확인할 수 있다.

철기 시대가 되면서 재갈이 본격적으로 보급되자 말의 활용 범위가 확대되었다. 사람들은 전보다 훨씬 쉽게 말을 조종할 수 있게 되었으며, 그에 따라서 기마(그림 18)가 새로운 그림의 주제로 등장하였다. 사람들은 말을 타고 한 손으로는 전투용 도끼를 휘두르며 용맹을 과시하게 되었다(그림 21). 이어지는 흉노 시대에는 보다 빠른 속도로 말을 달릴 수 있게 되었으며, 마상에서 활시위를 당기는 모습도 이 시기에는 일반적인 현상이 되었다. 그리고 마침내 유연과 투르크 시대에는 창을 든 창기병이 등장하게 되었고, 마면갑과 마갑으로 중무장을 한 개마무사(그림 14)가 시대의 새로운 모드로 자리를 차지하게 되었다.

생활용구 가운데서 가장 주목을 끄는 것은 마차 형상(그림 8)이다. 마차는 청동기 시대의 암각화에서 처음으로 형상화되기 시작하였다. 주지하는 바와 같이 마차는 바퀴와 차체 그리고 그것을 끄는 동력인 말이 서로 결합되어 만들어진 운송수단이다(그림 22). 바퀴의 개발은 청동기 시대의 핵심적인 첨단 과학이었으며, 이로써 축력을 효과적으로 이용할 수 있게 되었다. 그 메커니즘은 동력을 가하면 바퀴가 구른다는 원리를 실제 생활에 활용한 것이다. 사람이 스스로의 힘이 아니라 제3의 에너지를 이용하여 생활에 편리함을 도모

그림 21 전투용 도끼를 든 기마전사(시베트 하이르항)

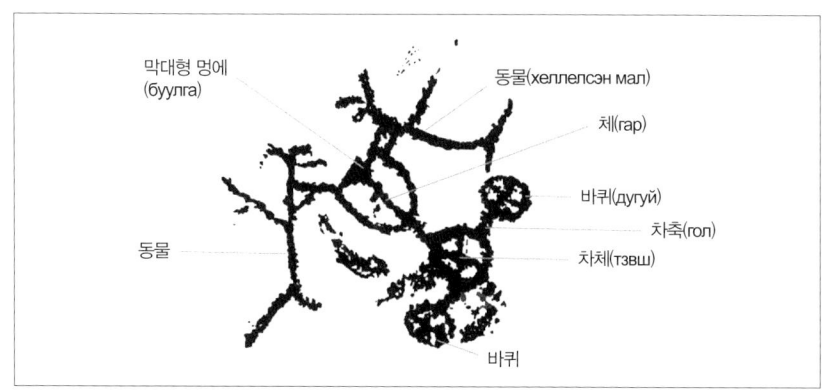

그림 22 마차 구성도(움느드 올, 고비 알타이 아이막)

한 일, 그것은 곧 인류사에서 가장 획기적인 디자인이자 기술 개발의 성과이며, 이로써 문명화의 여정은 가속도가 붙게 되었다.

마차는 일반적으로 두 필의 말이 채의 좌우에서 멍에를 메고 바퀴를 끄는 구조를 하고 있다. 바퀴를 끄는 말은 차체의 끝에 있는 멍에에 고정되도록 고안되었으며, 사람이나 무거운 짐 등은 차체에 타거나 실도록 설계되어 있다. 물론 그것을 조정하는 것은 사람이 쥐고 있는 고삐이며, 사람은 이로써 이동과 정지 그리고 방향 전환 등을 자유로이 제어할 수 있다. 무거운 짐을 나르거나 속도를 높여야 할 때에는 두 필이 아니라 그보다 더 많은 축력이 필요하였기 때문에 나중에는 세 필 또는 네 필의 말이 끄는 마차도 등장하였는데,[36] 이러한 점도 암각화 속의 마차 형상을 통해서 확인할 수 있다.

마차의 차체와 구조 등은 시간이 가면서 크게 변화하였는데, 바퀴는 살대가 더욱 많아졌고, 차체는 보다 편안하고 화려하며 튼튼해졌다. 이렇듯 눈에

---

36 А. П. ОКЛАДНИКОВ(1980), ПЕТРОГЛИФЫ ЦЕНТРАЛЬНОЙ АЗИИ, НАУКА, ЛЕНИНГРАД, 52쪽

띄는 것은 차체의 변화다. 둥글거나 네모꼴의 차체가 차축과 채가 만나는 곳에서 서로 결합되어 있었던 청동기 시대의 마차에 비한다면, 흉노 시대에는 입방체에 화려한 장식의 지붕華蓋과 창이 있는 차체로 바뀌었다(그림 13). 이로써 햇볕과 비바람 따위에 노출되지 않고 보다 편안하게 이동할 수 있게 되었다. 청동기 시대의 마차가 축력에 의한 단순하고도 초보적인 운송 수단이었다고 한다면, 이제는 인체 공학에 의거한 디자인이 이루어졌다고 할 수 있다. 이러한 모양의 차를 기반으로 하여 오늘날의 자동차가 만들어졌음을 누구라도 쉽게 짐작할 수 있다.

조형예술의 제재 및 시대 양식

조형예술의 역사를 살펴보면 시대가 바뀌고 또 문화 주체가 교체되었음에도 특정한 몇몇 제재들은 지속적으로 표현되었다. 석기 시대부터 그려지기 시작하여 오늘날까지도 변함없이 표현되는 제재들을 하나하나 열거하기는 어렵다. 동물, 사람, 기호 그리고 도구 등의 제재 중에서 어떤 것은 먼저 그려지고 또 어떤 것은 늦게 그려졌지만, 한 번 그려진 것은 그것이 사라져 없어지지 않는 이상 대체로 지속적으로 그려졌다. 그러나 동일한 제재일지라도 시대가 바뀌고 제작 주체가 달라짐에 따라 각각 다른 양식으로 표현되었다. 비록 그것이 동일한 제재일지라도 똑같은 모양으로 그려진 것은 없는데, 그 이유는 바뀐 시대와 문화 주인공 그리고 사회 상황 등이 그 속에 반영되었기 때문이다.

몽골 알타이 지역에서 구석기 시대부터 그려진 것은 동물과 부호 등이다. 그중에서 매머드나 코끼리, 순록, 타조 등은 이미 이 지역에서 사라진 지 오래되었다. 매머드는 지구상에서 멸절한 동물이며, 코끼리나 순록, 타조 등은 아직까지도 살고 있지만 현재 알타이 지역에서는 살필 수 없다. 따라서 이와 같은 제재의 동물 형상들을 신석기나 청동기 시대의 조형예술 가운데서는 살필 수 없다. 이렇듯 석기 시대와 같이 특정 시기에만 서식하다가 사라졌거나 이주해 간 동물들을 제재로 삼은 경우, 그것들의 변형은 그다지 많지 않다. 물론 그 이유는 이와 같은 동물들이 석기 시대의 매머드 사냥꾼들 이후 두 번 다시 이 지역 화가들의 제재로 채택되지 못했기 때문이다.

반면에 말이나 소, 산양, 사슴 등은 석기 시대부터 차례로 이어지는 문화기와 그 주인공들에 의해서 지속적으로 그려져 왔다. 중석기 시대부터 그려지기 시작한 활은 투르크 시대에 이르기까지 단골 메뉴처럼 그려졌으며, 청동기 시대 이후부터는 마차도 빠지지 않는 중요한 제재였다. 철기 시대부터는 기마상도 새로운 제재로 자리를 잡았다. 이와 같은 제재들은 그 고형과 더불어 시대와 제작 주체 등이 바뀜에 따라 새롭고 다양한 변종들이 여러 가지 방식으로 창출되었다. 그것은 곧 하나의 제재를 두고 여러 가지 상이한 해석들이 이루어졌음을 말해 준다.

활의 경우 매우 크고 투박한 고형에서부터 시간의 경과에 따라 점차 오늘날의 활 모양으로 정형화되어 가는 과정이 그림 속에 매우 구체적으로 형상화되어 있다. 마차 형상도 마치 전개도와 같이 말, 바퀴, 차체 등을 하나하나 분해하여 재구성하던 방식(그림 22)이 흉노 시대에는 입체감 있는 모양(그림 13)으로 바뀌었다. 기마상의 경우는 안장없이 말을 탄 것에서부터 안장이 있는 것, 등자가 있고 마면갑과 마갑으로 무장한 말을 탄 것(그림 14)에 이르기까지 시간과 제작 주체의 변화에 따라서 바뀐 마구의 발전 과정을 살필 수 있다.

사람이 들고 있는 무기도 원시적인 활(그림 5)에서부터 더딘 변화의 과정을 거치면서 전투용 도끼로 공격하는 모습(그림 9)과 투구를 쓴 전사(그림 7), 창

그림 23 기수(쉬쉬키노, А. П. Окладников, В. Д. Запорожская, 1959)

이나 깃발을 든 기마 전사(그림 23), 갑옷과 투구로 무장하고 창을 든 기마전사나 개마무사(그림 14), 개마무사가 창을 들고 싸우는 모습(그림 15) 등이 차례로 등장하였다. 이와 같은 형상들을 시간대별로 나열하면, 전사의 고형과 변이형 그리고 무기와 전투 방식의 변화 등을 짚어낼 수 있다.

이렇듯 그림의 제재는 주어진 시간과 제작 주체 그리고 환경 등이 바뀜에 따라서 사라진 것도 있고 또 변함없이 그려진 것도 있다. 그러나 그림 속의 제재들은 당시의 사회상황을 적나라하게 반영하고 있기 때문에 각각의 도형 속에 투영된 특정 시기의 문화상과 그 변화상을 비교적 분명하고 또 정확하게 읽어낼 수 있는 것이다. 뿐만 아니라 특정 시대에는 그 사회를 이끌어 가는 시대사조가 있으며, 그것은 해당 시대의 독창적인 미감을 만들어 내는 자양분이다. 조형예술은 그것이 제작될 당시의 시대사조와 그러한 환경 속에서 성장한 제작 집단의 미감 등이 조형언어로 표출된 것이다. 그러므로 각각의 형상들은 제작 당시의 조형 규범에 의거하여 표현되었으며, 그 형상 하나하나 속에는 다른 시대 및 지역 그리고 제작자에 의해 그려진 것들과는 구별되는 일관된 양식이 있다.

그런 까닭에 석기 시대부터 그려져 왔던 말이나 소, 사슴 등은 각 시대별로 서로 다른 양식으로 그려진 무수한 변종들이 있다. 예외는 있지만 대체로 석기 시대의 동물 형상들은 개체적으로 그려져 있고, 실물의 비율에 맞는 몸통에 뿔이나 꼬리 등 해당 동물의 속성들이 결합되어 있는 꼴이다. 중석기 시대에는 앞뒤 다리를 각각 나란히 딛고 있는 모습이다. 신석기 시대에는 대각

선 방향으로 엇비스듬하게 걷는 모습이며, 이때 동물의 다리는 'Λ' 형으로 서로 엇갈리게 배치하였다. 청동기 시대에는 양감이 약화되었으며 또 심한 추상화 경향을 띠었다. 철기 시대에는 까치발을 하거나 앞뒤 다리를 안으로 접고 앉아있는 특이한 포즈(그림 11, 12)를 창안하였다. 그리고 다시 흉노 시대가 되면서 동물은 빠르게 걷는 모습(그림 13)으로 바뀌었으며, 투르크 시대에는 앞뒤 다리를 쭉쭉 내뻗으며 급하게 달리는 모습(그림 18)으로 정형화되었다.

지각 방식의 변화

조형예술 속에는 그것을 제작한 집단이 사물을 바라보고 이해한 방식, 즉 시지각 방식들이 반영되어 있다. 조형예술의 형식으로 표현된 각각의 형상들은 당시의 화가들이 어떠한 지각 방식에 의거하여 사물을 인식하였는지 적나라하게 보여준다. 예를 들어 이집트의 피라미드 속에 벽화를 그린 화가들은 시점을 달리하여 사물 또는 장면을 파악하였고, 또 그렇게 획득한 정보들을 합성시켜서 하나의 형상이나 장면을 완성하였다(그림 24).

입체주의 화가들은 표현 대상물의 측면이나 뒷부분과 같이 한 눈에 보이지 않는 면들을 동시에 파악하여 하나의 형상 속에 병치시키면서 그것의 온전한 이미지를 표출시켜내고자 하였다. 입체주의 작가들은 하나의 시점에서 포착한 이미지, 즉 하나의 단면이 대상물의 진정한 모습이 아님을 알았다. 그래서 입체파 화가들은 사물의 온전함을 표출하기 위하여 옆이나 뒷부분도 시점을 달리하여 파악하였고, 또 그렇게 하여 획득한 세부 모습들을 하나의 형상으로 합성시켰던 것이다.

그러나 이와 같은 지각 방식은 이미 석기 시대부터 인류 최초의 화가들이

그림 24 이집트 피라미드 벽화(E. H. 곰브리치, 2002)

활용하였던 것이다. 하나의 시점에서 바라보고 획득한 정보로 특정 제재의 구체적인 이미지가 온전하게 반영되지 않는 점을 선사 및 고대 화가들은 인지하고 있었으며, 그에 따라서 그들은 몇 개의 상이한 시점에서 바라본 부분들을 하나의 형상으로 재구성하였던 것이다. 예를 들면 알타미라나 라스코 등의 동굴 벽화 속에 그려진 들소나 사슴 형상의 경우 몸통은 측면에서 바라보았고, 뿔은 정면에서 바라본 것을 결합시킨 것이다. 이와 같은 표현 방식을 '비틀림 화법'[37]이라고 부르기도 한다.

알타이 지역의 석기 시대 화가들도 필요에 따라서 두 개의 상이한 시점에

---

37 요코야마 유지 지음·장석호 옮김(2005), 『선사 예술 기행』, 사계절, 167쪽

서 바라본 동물의 신체 세부를 하나의 형상으로 재구성하였다. 예를 들어 호이트 쳉헤르 동굴 벽화 속의 영양이나 들소 등은 측면에서 바라본 몸통과 정면에서 바라본 뿔을 서로 결합시켜 완성한 형상이다. 호브드 아이막 만항 솜의 이쉬깅 톨고이 암각화 속의 순록과 산양, 소 등은 몸통과 뿔을 각각 다른 지점에서 포착하여 재구성한 것이다. 유사한 예를 호브드 아이막의 찬드만 하르 우주르 암각화의 소 형상 가운데서도 살필 수 있다.

이와 같은 표현 방식의 채용 동기는 물론 특정 사물의 부분들이 지니고 있는 속성을 하나라도 소홀함이 없이 온전하게 제시하기 위함이다. 하나의 시점에서 바라보면 눈에 들어오지 않는 부분, 즉 반대편이나 측면 등의 구체적인 모습을 살필 수가 없고, 또 보이지 않는 것은 표현해 낼 수 없기 때문이다. 보이는 부분만 표현할 경우 때로는 그것이 무엇을 형상화한 것인지 판단하기가 애매해지거나 불완전할 수밖에 없는데, 선사 시대의 화가들은 그와 같은 결점을 의도적으로 피하고자 하였던 것이다. 그리하여 특정 표현대상물의 각 부분들이 지니고 있는 고유한 속성들을 모두 온전하게 제시하고자 하였던 것이다.

이렇듯 하나의 형상에 전후좌우 등 여러 시점에서 바라본 부분들을 하나로 재구성하여 형상화하는 방식을 '다시점多視點' 화법이라 한다. 또한 이처럼 하나의 사물을 여러 개의 다른 시점에서 포착하는 것을 '환조적丸彫的' 지각 방식이라고도 한다. 그것은 달리 표현하자면 '물체 중심'의 지각 방식인 셈이다. 그러니까 지각 주체인 사람은 표현 대상물의 세부를 포착해 내기 위하여 언제든지 자유롭게 시점을 바꾸었던 것이다. 다시 말하자면, 사물의 세부를 포착해 내기 위하여 그것의 특징이 가장 잘 드러나는 지점으로 다가가서 획득한 정보를 화면 속에 이끌어내고자 하였던 것이다.[38]

다시점 또는 물체 중심의 지각 방식에 의거하여 표현된 가장 대표적인 예가 바로 청동기 시대의 마차 형상(그림 8)이다. 이미 앞에서도 살펴본 바 있듯이 마차 형상은 두 개의 바퀴, 차체, 축, 채, 멍에 그리고 그것을 끄는 말이나 소 등으로 구성되었다(그림 22). 또한 마차를 탄 사람은 대부분 차체에 서 있는 모습이다. 그런데 마차를 구성하는 이들 하나하나의 세부는 각각 서로 다른 지점에서 포착한 것이다. 두 개의 바퀴와 두 필의 말이나 소 등은 모두 측면에서 바라본 것이며, 차체와 채 그리고 멍에 등은 위에서 아래로 내려다 본 모습이다. 물론 마차에 탄 대부분의 사람들은 정면에서 포착하여 형상화하였다. 이로써 이 하나의 형상 속에는 적어도 세 개 이상의 상이한 시점에서 바라본 부분들이 합성되어 있음을 알 수 있다.

이와 같은 지각 및 표현 방식은 철기 시대까지 지속되었다. 그러나 흉노 시대가 되면서 수만 년 동안 변함없이 이어져 오던 물체 중심의 지각 방식과 다시점 화법 등이 인간 중심의 표현방법으로 바뀌었다. 그리고자 하는 대상물에 접근하여 그것을 구성하는 하나하나의 세부와 그것들이 만드는 온전한 모습을 화면 가운데에 제시하고자 하였던 그동안의 지각 및 표현 방식이 흉노 시대에 이르러서 한 순간에 폐기된 것이다. 이제는 사람들이 더 이상 표현 대상물의 세부 생김새를 살피기 위하여 그것에 가까이 다가가지 않았다. 거만해진 화가는 한 곳에 자리를 잡고, 그의 눈에 비쳐진 부분들만 포착하여 그리기 시작하였던 것이다.

이렇듯 한 곳에서 그의 눈앞에 펼쳐진 세계를 포착하여 그리는 제작방식을 '일시점一視點' 화법이라 한다. 표현 주체인 화가가 시점을 바꾸지 않고 그로부터 멀고 가까움을 분별하고, 또 보이는 부분들만 포착하여 그리는 방식

---

38 장석호(2003), 「한국 선사시대 암각화에 나타난 형상성의 특징에 관한 문제」, 『시각예술에서 이미지란 무엇인가』, 눈빛, 119쪽

을 이르는 말이다. 이와 같은 방식을 다르게 표현하면, 바로 원근법이다. 그것은 곧 지각 주체로부터 멀어짐에 따라 표현 대상물의 크기와 선명도가 점차 감소하는 것이다. 가까이 있는 것은 크고 선명하며, 멀리 있는 것은 작고 또 흐리게 그린다. 이와 같은 일시점 화법으로 과거에 볼 수 없었던 공간의 깊이와 대상물의 고유한 양감 등을 화면 속에 구현해 낼 수 있게 되었다.

몽골의 고비 알타이 아이막 우엔치 솜의 야마느이 오스 암각화 속에 그려진 마차 행렬도(그림 13)는 일시점 화법으로 표현된 대표적인 예 가운데 하나다. 이 행렬도는 앞뒤에 기마병의 호위를 받으며 한 대의 마차가 이동하는 장면이다. 이 암각화 속에는 이와 같은 행렬도가 두 개 그려져 있는데, 그 중의 하나는 한 마리의 말이 마차를 끌고 있고, 다른 한 대의 마차는 세 마리의 말이 끌고 있는 모습이다. 이 가운데서 후자인 세 마리의 말이 끄는 마차를 살펴보면, 과거에 볼 수 없었던 특이한 점을 발견할 수 있다. 우선 세 마리의 말은 중첩이 이루어져 있는데, 맨 앞의 말을 제외한 나머지 두 마리는 머리와 등선, 꼬리 등을 불완전한 선으로 표현해 놓고 있다.

또한 마차 형상도 이전의 그것들과는 달리 차체가 입방체의 구조를 띠고 있고, 또 투시도법에 맞춰서 그렸다. 그리고 바퀴도 앞의 것과 뒤의 것이 서로 중첩되어 있음을 불완전한 동그라미로 형상화하였다. 더욱이 이 행렬도는 그림 속에서는 표현되어 있지 않지만, 하나의 암시적인 기저선을 바탕으로 하여 앞뒤로 나란히 그려져 있는데, 이로써 이들이 모두 하나의 시점에서 포착하여 그린 것임을 알 수 있다. 이렇듯 일시점 화법이 채용되자 화면 속에는 공간의 깊이와 더불어 양감 표현이 가능하게 되었다. 유사한 사례를 고비 알타이 아이막 올란 올 솜의 이흐 베르흐 암각화 속 행렬도에서 확인할 수 있다.[39]

---

39 동북아역사재단·몽골과학아카데미 고고학연구소(2008), 『몽골 고비 알타이의 암각

동굴 벽화 및 암각화 속에 표현된 각각의 형상들을 검토하면서, 한때 이 지역에 서식하였던 동물과 환경의 변화에 따른 동물의 멸절, 타지로의 이주, 야생 동물의 가축화 과정, 사냥도구의 등장과 무기 분화 및 변화, 생활용구의 등장과 변화, 조형예술의 제재와 양식의 변화, 지각 방식의 변화 등의 문제를 검토하였다. 그러니까 석기 시대에 그려진 그림의 제재들이 차례로 이어지는 후속 문화기에서는 어떻게 변화되었으며, 그 과정에서 새롭게 등장한 제재와 바뀐 조형 방식 그리고 그와 같은 변화의 동인은 무엇인지 하나씩 검토해 본 것이다.

몽골 알타이 지역의 선사 및 고대 미술을 검토해 보면 석기 시대에는 그림의 중심제재가 야생동물이었으나, 중석기 시대부터는 가축이 등장하였다. 청동기 시대로 접어들면서 사람과 인공의 세계로 바뀌었고, 가축의 유용성은 더욱 증대되었다. 중석기 시대 이후에 등장한 사냥 도구는 청동기 시대로 접어들면서 분화되어 인명 살상용 무기로 바뀌었음을 확인하였다. 운송용구인 마차는 청동기 시대에 등장하였으며, 흉노 시대가 되면서 차체의 구조와 디자인 등이 획기적으로 변화되었음을 살필 수 있었다.

또한 동물 중심의 세계에서 인간 중심의 세계로 가치관이 바뀐 점 등을 확인하였다. 그러나 야생동물의 가축화는 사람의 의식주뿐만 아니라 일상생활에도 큰 변화를 불러일으켰다. 석기 시대의 타자와 평화롭게 공존하던 시대는 문명이 발달함에 따라 투쟁의 시대로 바뀌었으며, 그에 따라서 석기 시내에는 볼 수 없었던 살상 장면이 청동기 시대부터 빈번히 그림의 주제로 등장하는 점도 살필 수 있었다.

조형언어로 번역된 도상 하나하나는 몽골 알타이 지역에서 거주한 인류가

화』, 동북아역사재단, 258~259쪽

보고 겪으면서 남긴 귀중한 기록물이며, 그것들은 인류가 거침없이 달려온 탈 자연의 길에 대한 장대한 파노라마다. 알타이 지역의 선사 및 고대 미술들은 바로 그 과정을 도상언어로 기록한 대서사시인 것이다.

참고문헌

1. 몽골 알타이 산맥 지역의 민족

А. Очир(1993), Монголын ойрадуудын түүхийн товчоон. УБ.

Б. Баатархүү(2011), Монголын тувачуудын овгийн бүрэлдэхүүн, гарал, тархац. // Угсаатан судлал. XX. УБ.

Б. Монголхүү(2009), Цаст Алтайн чуулган. УБ.

Гильом Де Рубрук(1988), Дорно этгээдэд зорчсон минь. УБ.

И. Лхагвасүрэн(1987), онд Баян-Өлгий аймгийн Урианхай ястны дунд явуулсан хээрийн шинжилгээний тайлан. Түүхийн хүрээлэнгийн Баримт мэдээллийн сан. X-7, Д-3, ХН-24(а).

И. Лхагвасүрэн(1989), онд Баян-Өлгий аймгийн Урианхай ястны дунд явуулсан хээрийн шинжилгээний тайлан. Түүхийн хүрээлэнгийн Баримт мэдээллийн сан. X-7, Д-3, ХН-24(б).

Плано Карпини(1988), Монголчуудын түүх. УБ.

Рашид-Ад-Дин(2002), Судрын чуулган. I боть, УБ.

С. Бадамхатан · Г. Цэрэнханд(2012), Монгол улсын угсаатны зүй. I, УБ.

С. Бадамхатан · Г. Цэрэнханд(2012), Монгол улсын угсаатны зүй. II, УБ.

С. Бадамхатан · Г. Цэрэнханд(2012), Монгол улсын угсаатны зүй. III, УБ.

Хүн ам(2011), орон сууцны 2010 оны улсын тооллого нэгдсэн дүн, УБ.

2. 몽골 알타이 산맥 부족의 언어와 종교

Ж. Цолоо(1982), *Арван гурван хүлгийн дуун (Ойрад аман зохиолын цоморлог)*. Эмх. удиртгал, Уб.

Б. Я. Владимирцов(1929), *Сравнительная грамматика монгольского письменного языка и халхаского наречия*. Л.

Ч. Далай(2006), *Ойрад монголын түүх. Тэргүүн боть*. Хоёрдахь хэвлэл. // Bibliotheca oiratica-III. Уб.

С. Дулам(2012), *Алтай хэлт угсаатан үүссэн тухай домгийг харьцуулах нь* // Монголын казак судлал №1. Уб.

С. Бадамхатан, Г. Цэрэнханд(2012), *Монгол улсын угсаатны зүй (Ойрадын угсаатны зүй)*. II боть. Эрх. Уб.

О. Сүхбаатар(2001), *Монголын газар усны нэрийн домог. Эмх. боловсруулж эрдэм шинжилгээний тайлбар, судалгааг үйлдсэн*. Уб.

Монголын нууц товчоо(1990), Хуучин монгол хэлнээс одоогийн монгол бичгийн хэлээр Цэндийн Дамдинсүрэн орчуулав. Дөрөв дэх удаагийн хэвлэл. Уб.

Б. Напил(2012), *Монголын казак судлалын түүхийн товчоон: судалгаа шинжилгээний чиглэл, цаашдын зарим асуудлууд*//Монголын казак судлал №. 1. Уб.

А. Очир(1993), *Монголын ойрадуудын түүхийн товч*. Эрх. Ч.Далай. Уб.

П. Серен(2004), *Монголын тувачуудын ёс заншил*. Орч. Б.Баярсайхан. Кызыл.

Т. Султан, нар(2010), *Баян-Өлгий аймгийн нэвтэрхий толь*. Уб.

Ц. Төрбат, нар(2009), *Монгол Алтайн археологийн дурсгалууд-1 : Баян-Өлгий аймаг*. Уб.

Б. Түвшинтөгс, А.Гонгор(2013), *Тува: түүх, хэл, соёл* //Bibliotheca oiratica-XXIX. Эмх. Уб.

Ж. Цэвээн(1997), *Хөвсгөл нуурын дархад, урианхай, дөрвөд, хотон, баяд, өөлд, захчин, мянгад, торгууд, хошууд, дарьганга, алтайн урианхай, хасаг, хамниган нарын гарал үндэс, байдлын өгүүлэл* //Ж.Цэвээн. Түүвэр зохиолууд-1. Уб.

Б. Цэрэл(1997), *Дөрвөн ойрад ба ойрадын холбоонд багтах үндэстэн ястнуудын угсаа түүхийн зарим асуудал*. Хян. Д.Гонгор. Уб.

Д. Цэрэнсодном(1989), *Монгол ардын домог үлгэр*. Уб.

4. 몽골 알타이의 고고학 유적·유물

А. П. Окладников(1954), Оленные камни с реки Иволги. СА. XIX. М.

Н. Н. Диков(1959), Бронзовый век Забайкалье. Улан-Удэ.

С. Н. Вайншейн(1974), История народного искусства Тувы. М.

В. Д. Кубарев(1979), Древние изваяния Алтая. Оленные камни. Новосибирск.

З. С. Самашев(1992), Наскальные изображения Верхнего прширтышья. Алма-Ата.

Г. П. Сосновский(1941), Плиточные могилы Забайкалье. тр. ОИПК. ГЭ. Вып I. Л.

В. В. Волков(1980), Оленные камни Монголии. УБ.

Э. А. Новгородова(1989), Древняя Монголия. М.

Д. Г. Савинов(1994), Оленные камни в культуре кочевников Евразии. СПб.

Ц. Доржсүрэн(1957), Адуун чулуун хөшөө. ШУТ.

Д. Наваан(1975), Дорнот Монголын хүрлийн үе. УБ.

Д. Цэвээндорж(1975), Буган чулуун дээрхи сар өдөр тооллох зүйлс. ШУА.

Д. Цэвээндорж(1976), Буган чулуун хөшөө. ШУА.

Д. Цэвээндорж(1979), 1979 оны МЗТСХЭ-ийн тайлан. ТХГБС.

Д. Цэвээндорж(1979), Монгол нутгаас олдсон зарим буган чулуун хөшөө Археологийн судлал УБ.

Д. Цэвээндорж(1983), Монголын хүй нэгдлийн урлагийн дурсгал. УБ.

Д. Цэвээндорж, Б. Энхбат(1989) 1989 оны Увс аймгийн археологийн зураг зохиох ангийн тайлан. /ТХГБС/.

Д. Цэвээндорж, В. Д. Кубарев, Э. Якобсан, Ц. Очирхуяг(2003), Наскальные изображения горы Шивээт-Хайрхан (Монгольский Алтай), АС, Т. XXI, т.3, тал 43-51. УБ.

Л. Р. Кызласов(1978), К изучению оленных камни и менгиров. КСИА №154. М.

А. Д. Грач(1970), Древние кочевники в центре Азии. М.

Н. Л. Членова(1962), Об оленных камнях Монголии и Сибири. МАС. М.

БНМАУ-ын түүх(1966), I боть. УБ.

Э. А. Новгородова(1973), Оленные камни и некоторые вопросы древней истории Монголии. ОУМЭ-ний II их хурал I боть, УБ.

П. П. Хороших(1972), Оленные камни Монголии и Бурятии. Монголын эртний түүх соёлын зарим асуудал. УБ.

М. П. Грязнов. М. Х. Маннай-Оол(1974), Третий год раскопа кургана Аржан. Археологические открытия 1973 года, М.

М. П. Грязнов(1980), Аржан.Л.

М. Х. Маннай-Оол(1970), Тува в скифское время, М.

Д. Г. Савинов, Н. Л. Членова(1978), Западные пределы распространение оленных камней и вопросы культура этнической принадлежности. Археология и этнография Монголии.Новосибирскг.

Монгол-Алтайн археологийн дурсгалууд I(2009), Баян-Өлгий аймаг. УБ.

5. 몽골 알타이의 선사 및 고대 미술

국내 문헌

동북아역사재단 편(2007), 『중앙아시아의 바위그림』, 동북아역사재단·러시아과학아카데미 물질문화사연구소.

동북아역사재단(2008), 『몽골 고비 알타이 아이막의 암각화』, 동북아역사재단.

동북아역사재단(2010), 『카자흐스탄의 바위그림』, 동북아역사재단.

요코야마 유지 지음·장석호 옮김(2005), 『선사 예술 기행』, 사계절.

장석호(1995), 『몽골의 바위그림』, 도서출판 혜안.

장석호(2003), 「한국 선사시대 암각화에 나타난 형상성의 특징에 관한 문제」, 『시각예술에서 이미지란 무엇인가』, 눈빛.

장석호(2009), 「고구려 초기 고분 벽화와 중앙아시아 고대 암각화」, 『문명교류』 창간호, 한국문명교류연구소.

장석호(2010), 「중앙아시아 고대 암각화와 고구려 고분 벽화의 주제 및 양식 비교 연구」, 『중앙아시아연구』 15, 중앙아시아학회.

장석호(2013), 「알타이 지역 고대 암각화 속의 기마 전사 연구」, 『역사영토 갈등 해결 이슈의 경험 공유 및 알타이 문화 교류』(한카터 협력포럼 발표 자료), 동북아역사재단.

정석배(2011), 「북방의 초원과 스키타이 세계」, 『유라시아 초원에서 한반도까지 스키타이 황금문명』, 예술의 전당.

피터 마셜 지음·손희승 옮김(2008), 『유럽의 잃어버린 문명』, 역사의 아침.

D. 체벤도르지(2010), 「몽골의 바위그림」, 『암각화 발견 40주년 기념 국제학술회의, 세계의 바위그림, 그 해석과 보존』, 동북아역사재단.

E. H. 곰브리치 지음, 백승길·이종숭 옮김(2002), 『서양미술사』, 예경.

E. V. 뻬레보드치코바 저·정석배 역(1999), 『스키타이 동물양식』, 학연문화사.

해외 문헌

加茂儀一(1975), 「東アジアの馬とその文化」, 『騎馬民族とは何か』, 毎日新聞社.

А. П. Окладников, В. Д. Запорожская(1959), Ленские писаницы, НАУКА СССР, М-Л.

А. П. ОКЛАДНИКОВ(1968), ЦЕНТРАЛЬНО-АЗИАТСКИЙ ОЧАГ ПЕРВОБЫТНОГО ИСКУССТВА, НАУКА, НОВОСИБИРСК.

А. П. ОКЛАДНИКОВ(1980), ПЕТРОГЛИФЫ ЦЕНТРАЛЬНОЙ АЗИИ, НАУКА, ЛЕНИНГРАД.

А. П. ОКЛАДНИКОВ(1981), ПЕТРОГЛИФЫ МОНГОЛИИ, НАУКА, ЛЕНИНГРАД.

В. В. ВОЛКОВ(2002), ОЛЕННЫЕ КАМНИ МОНГОЛИИ, Научный мир, М.

В. Д. Кубарев·Д. Цэвээндорж·Э. Яковсон(2005), ПЕТРОГЛИФЫ ЦАГААН-САЛАА И БАГА-ОЙГОРА(Монгольский Алтай), Новосибирск—Улан-Батар—Юджин, Издательство Института археологии и этнографии СО РАН.

ВЛАДИМИР СЕМЁНОВ(2008), ПЕРВОБЫТНОЕ ИСКУССТВО, СПб., АЗБУКА-КЛАССИКА.

Д. ДОРЖ·Э. А. НОВГОРОДОВА(1975), ПЕТРОГЛИФЫ МОНГОЛИИ, Улан-Батор.

Д. ЦЭВЭЭНДОРЖ(1982), ИШГИН ТОЛГОЙН ХАДНЫ ЗУРАГ-

АРХЕОЛОГИЙН СУДАЛ, ШУА-ийн ХЭВЛЭЛ, УЛААНБААТАР.

Э. А. НОВГОРОДОВА(1984), МИР ПЕТРОГЛИФОВ МОНГОЛИИ, Наука, М.

MIROSLAV KŠICA(1989), VÝPRAVY za pravekým umenim. OBZOR BRATISLAVA.

| 찾아보기

ㄱ

가부장제 77
가이Gai(재액) 36
가죽 신발 161, 168
가축화 186
갈기 장식 198
개마무사 196, 198, 205, 208, 212
게르 85
고삐 198, 202, 203, 205, 206, 209
고수레 57
곤봉 135
곰 60
공동묘지 102
관 160
교착어(첨가어) 43
구제에Гүзээ 79
국가대회의 64
그라츠A. D. Grats 129
그랴즈노프M. N. Griaznov 134
금식 66
금장 칸국Golden Horde 24
기마병 194, 196, 217
기복祈福신앙 93
기저선 217
기호tamag 183

ㄴ

나담 축제 49
나르만다흐日出 57
나브루즈Navruz 99
나왕D. Navan 132
나우리즈Наурыз 99
나이만 24
낙인 53
남낭 도르지Namnan-Dorj 181
노브고로도바E. A. Novgorodova 132
놈Нум 98
니룬(유연) 196

ㄷ

다시점多視點 화법畵法 195
다싱안링大興安嶺 191
단검 124~129, 131, 132, 136
달력 125
대체문헌 181
더르버드Durvud 22
덮개돌 143~148
델 168
도장 64

독수리 사냥 65, 99
돈드 햐린 혼드 184, 196
돌화살촉 187
동굴 벽화 179, 181~183, 186, 199,
    201, 214, 215, 218
동물양식 191
동토층 138, 147, 160, 174

ㄹ

라마단 의식 66
라마승려 48
라시드 앗딘 29, 35
락과수렌I. Lkhagvasuren 23
루브룩 29

ㅁ

마갑 196, 205, 208, 211
마구 153
마멋marmot 161
마면갑 196, 205, 208, 211
마차 행렬도 194
마차 형상 187
만나이 – 올M. Kh. Mannai-Ool 134
만주 – 퉁구스어 24
말자상속제末子相續制 105, 106, 111
말타 200

매머드 사냥꾼 211
매머드 형상 184, 200
먕가드Myangad 21
머리카락 자르기Хоорог зоруулэх 95
멍에 209
메르게드 24
메카 93
모드 186, 208
모명母名 106
모자 167
목관木棺 150
목제 방패 159
목제 빗 153
목제 재갈 160
목제 칼집 162
목제품 150
목초지 70
몰로딘V. N. Molodin 138
몽골어 24
묘광 134, 141~146, 148~150, 152,
    154, 157~160
무슬림 82
문신 175
물체 중심 215
미라 103, 162
밍크 가죽 50

찾아보기 227

ㅂ

바가 오이고르   184
바가 오이고르 골Baga oigor gol(바가 오이고르 강)   139
바야드족   27
바위그림   181, 186
바지   168
바퀴   189
반탕Бантан   78
밤빈 린첸   27
방패   124, 125, 127, 159, 165, 166, 175
방패 쿠션   166
배슬라크Бяслаг   79
백군白軍   64
베개   174
변종   212
보다태 호르가Будаатайхуург   78
보양트   21
보오르초ㄱBoorцог   76
보오즈Бууз   78
볼코프V. V. Volkov   128
부레트   200
부르게드(독수리)   39
부르키타Буркита   99
부리아트   47
부리아트 몽골족   26
부명父名   106
북카프카즈   137, 138

불 숭배   34
비단Хадаг   93
비추린I. Bichurin   35
빅토르바L. L. Viktorova   35
빈Бин   78
빙하기   200

ㅅ

사그사이 쳉겔   21
사비노프D. G. Savinov   129
사슴돌Bugan'i chuluu   118, 119, 121~137, 192~194, 199
사얀 알타이   134
사카족   137
산비노프D. G. Sanvinov   132
살상무기   204
새 머리 장식   167
샤머니즘   32
샤먼   32
샤하흐Шахах   79
서사시   53
석인상   118, 199
선비   35, 196
세르－오드자브N. Ser-Osjav   132
소스노프스키G. N. Sosnovskii   132
소자니Суждани   89
솜Сум   98
쇠똥   71

수베데이 48
수태차Суутейцаи 71
순록 200
순장 174
숫낫 또이 96
숫돌 123, 125, 128, 129, 132
쉬베트 하이르항 184, 187, 190, 191
쉬쉬키노 186, 201, 202, 212
슈우흐Шуух 79
스키타이인 137
스키토 – 시베리아의 세계 191
스트랄렌베르크 43
승마 98
시르닥 휘장 89
시베트 하이르항Shivet khairkhan 134
시지각視知覺 195
신단 34
신심信心 97
쌍봉낙타 183
씨족중심사회 111

ㅇ

아롤Aapyyл 79
아르잔 고분 134
아아르츠Аарц 79
아이락Aйpar；馬乳酒 79
아키나케스akinakes 191
안장 211
안장 조각 173
알리아 헝거르 56
알타이 21
알타이어족 24
암각화 179, 181, 183~192, 194~196, 198~205, 208, 209, 215, 217, 218
야금술冶金術 47
야마느이 오스 184, 189, 190, 194, 195, 204, 207, 217
야크 72
어원학 45
언어민속학 45
에르구네 쿤 47
에르히이브치Эрхийвч 98
에멜테이 58
에스니시티Ethnicity 91
에제를레그 57
엘바 강 122, 137, 138
연기 97
연창 53
연창자 54
염殮 103
염정성 58
영구 동토 지대 138
영양antelope 183
오란Uran(능숙한) 36
오량하이Uriankhai족 21
오량한Urianhan 35
오리아Uria 36

찾아보기 229

오보Ovoo　33
오이라트　27, 47
오직ujig　38
오클라드니코프A. N. Okladnikov　132
올란 올　184, 187, 217
올랑 다와Ulaan davaa　139
올롱 구링 골Olon güüriin gol　138, 147, 155, 156, 174~176
용기　153
울드Uuld　21
움느드 올　184, 187, 209
원추형 장신구　162
원형 방울　172
원형무덤(부속 돌무더기)　119
위구르족　60
유르타　85
유르트　85
유목지　74
유사한 사람Anthropomorphous　183
유연　196
유용성　218
유제품　78
으름Өрөм　79
이쉬킹 톨고이　183, 186, 200, 215
이흐 베르흐　184, 217
일시점一視點 화법　195
입체주의　213

ㅈ

자흐칭Zakhchin　22
잘라이르　24
장손말자제　105~107, 109~111
장신구　150
장창　205
재갈　153
재산상속　111
적군赤軍　65
적석부　119, 120, 142~144, 154
적석분積石墳　102, 105
전투용 도끼　124, 125, 127~132, 135, 162, 164, 165, 175
전투용 투구　190
제사 유적　155
젤메　48
조라그트 하드　184
조스틴 하드　184, 196
조어祖語　46
조장鳥葬　101
조형 규범　194, 212
조형언어　199, 212, 218
조혼早婚　106
족내혼　29
족외혼　29
종아리뼈　61
좌식坐食　86
주검　161
주인神　60

직물 153

ㅊ

차강 살라 184, 185, 200
차강노르 21
차나산 마흐Чанасан мах 78
차찰 33
차찰 으르그흐Цацал өргөх 96
찬드만 하르 우주르 183, 185, 201, 215
찬스막Цансмаг 78
참cham 48
채찍 173
철제 재갈 150
철제 칼 162, 165
청동 거울 162
초이방Цуйван 78
축 189
축력 202, 208, 209, 210
츨레노바N. L. Chlenova 132

ㅋ

카라수크 시대 135
카자흐 모자 62
카자흐Kazak족 21
케렉수르(히르기수르) 118

코끼리 183
코너N. V. Kyuner 35
쿠루드Куруд 79
쿠르간Курган 105
쿠미스 79
쿠바레프V. D. Kubarev 129
쿠반 137
쿨자바스이 204
크이즐라소프L. P. Kyzlasov 129
킵차크 초원 24

ㅌ

타그나 투바족 31
타라Tapar 80
타왕 보그드Altai tavan bogd 117
타조(또는 너새) 183
텡그리의 현신現神 97
토기 153
토르고드Torguud 22
투르바트Ts. Törbat 120
투바Tuva족 21
투시도법 217
툭신흔togsiinkhon 38
툼스태 호르가Томстайхyyрга 78
투르크 180, 181, 183, 194, 196, 198, 199, 203, 205, 208, 211, 213
투르크어 24
트보로그Творог 79

ㅍ

파노라마　219
파벨 포우하　182
파지리크 문화　138
판석묘Drublzin　192
페를레　35
펜던트　160
펠트　159
펠트 고리　161
펠트 조각　159
펠트 쿠션　159
펠트제 고리　174
펠트제 모자　162
펠트제 안장　160
펠트제 자루　162
편도 모양의 바위구멍(扁桃,
　　mindalebidnoe uglublenie)　185
플라노 카르피니　29
플로프　78
피라미드　213

ㅎ

하난 하드　184, 187, 190, 191
하늘 숭배　28
하드 우주르　184, 185
하사그　27
하타긴Khatagin 씨족　26

할례割禮　62, 96
할하　22, 47
허리띠　170
헤레이트　24
호라이 보다ХуурайБудаа　78
호로그Xoopor　95
호로시흐P. P. Khoroshikh　132
호르다그Хуурдаг　78
호석護石　105
호쇼Khoshoo　30
호이트 쳉헤르　179, 181~183, 199,
　　215
홍기라드　24
화로　34
화살대　165
화장化粧　103
화장火葬　103
환조적丸彫的　215
활쏘기　98
활집　166
활통　124~132, 164, 165
황모파 불교　58
후댜코프Yu. Khudiakov　119
후렝 우주르 하단 올　184, 190, 191
흉노 시대　155
흑해　137
히르기수르　118~121, 123, 126

기타

A. P. 오클라드니코프A. P. Okladnikov   182
B. 자르갈사이항   59

알타이 스케치 1
몽골 알타이 편

초판 1쇄 인쇄 2013년 12월 20일
초판 1쇄 발행 2013년 12월 31일

엮은이 동북아역사재단
펴낸이 김학준
펴낸곳 동북아역사재단

등록 제312-2004-050호(2004년 10월 18일)
주소 서울시 서대문구 통일로 81 임광빌딩
전화 02-2012-6065
팩스 02-2012-6189
e-mail book@nahf.or.kr

ⓒ 동북아역사재단, 2013

ISBN 978-89-6187-325-3 94910
      978-89-6187-326-0 (세트)

* 이 책의 출판권 및 저작권은 동북아역사재단이 가지고 있습니다.
  저작권법에 의해 보호를 받는 저작물이므로 어떤 형태나 어떤 방법으로도 무단전재와
  무단복제를 금합니다.

* 이 도서의 국립중앙도서관 출판시도서목록(CIP)은 서지정보유통지원시스템 홈페이지
  (http://seoji.nl.go.kr)와 국가자료공동목록시스템(http://www.nl.go.kr/kolisnet)에서
  이용하실 수 있습니다.(CIP제어번호 : CIP2014000622)

* 책값은 뒤표지에 있습니다. 잘못된 책은 바꾸어 드립니다.